L'alimentation KETO avec votre autocuiseur

Perdez du poids avec le RÉGIME CÉTOGÈNE

L'alimentation KETO avec votre autocuiseur

L'utilisation des marques de commerce a été autorisée par Instant Brands Inc., propriétaire de Instant Pot®.

Perdez du poids avec le RÉGIME CÉTOGÈNE

STACEY CRAWFORD

Broquet
97-B, montée des Bouleaux, Saint-Constant, Qc, Canada, J5A 1A9
Tél. : 450 638-3338 / Téléc. : 450 638-4338
www.broquet.qc.ca / info@broquet.qc.ca

TABLE DES MATIÈRES

À PROPOS DE L'AUTEURE

Stacey Crawford a fondé beautyandthefoodie.com, où elle crée et partage des recettes cétogènes saines et à faible teneur en glucides. Souffrant de la maladie cœliaque, elle a découvert que manger des aliments sains et nourrissants en suivant une diète cétogène sans céréales et à faible teneur en glucides est la clé d'une bonne santé. Cosmétologue diplômée, elle crée aussi des produits de beauté naturels et des remèdes naturels maison.

REMERCIEMENTS

Je veux remercier les membres de l'équipe éditoriale de DK de m'avoir choisie pour travailler sur ce projet. Ils ont rendu agréable cette expérience d'apprentissage exigeante.

Un merci spécial à l'éditeur, Brook Farling, qui m'a guidée avec patience, m'a soutenue durant tout le projet et a tout organisé. C'est une joie absolue que de travailler avec lui.

À ma maman, Sandra, et papa, Neil, pour m'encourager dans tous mes projets.

À ma tante Kathy, qui est mon auteure favorite et mon modèle. Tu as exercé une influence positive et attentive dans ma vie.

À Jennifer Eloff pour m'avoir instruite, parrainée et inspirée durant mon exploration des recettes à faible teneur en glucides. Tu m'as toujours conseillée, cru en moi et encouragée depuis le tout début.

À mon mari Don, qui est mon rocher, mon pilier et mon plus grand fan dans tout depuis plus de 30 ans. Ton amour et ton soutien infinis m'ont permis d'accomplir plus que ce que je n'aurais jamais pu imaginer.

Et à mes enfants, Danielle, Raul et Hunter pour m'avoir encouragée, avoir cru en moi et avoir goûté toutes mes recettes et expériences culinaires.

INTRODUCTION

Quand j'ai découvert la diète cétogène, j'ai pensé qu'elle ne serait qu'une autre diète à la mode ou une solution temporaire pour perdre du poids. J'avais fait l'essai de tant de régimes différents dans le passé (à l'époque, j'avais plus de 40 ans) et, pourtant, aucune n'avait semblé porter fruit. J'étais frustrée d'être affamée, de compter des calories et de faire de l'exercice au point d'être exténuée ou de me blesser. En dernier recours, j'ai décidé d'essayer la diète cétogène à faible teneur en glucides, uniquement parce que c'était la seule que je n'avais pas suivie à ce jour. Anticipant qu'elle échouerait inévitablement, j'ai été stupéfiée de perdre du poids, d'avoir la peau plus claire et de gagner en énergie tout en consommant des aliments délicieux sans avoir faim. Aujourd'hui, je suis dans la cinquantaine et je ne pourrais être plus heureuse que dans ce mode de vie cétogène : je me sens même mieux qu'à l'époque de mes 20 ans. À vrai dire, c'est comme si j'avais trouvé la fontaine de Jouvence.

La découverte de l'autocuiseur, un électroménager populaire et polyvalent, a changé la donne pour moi. Il rend la cuisson de repas cétogènes santé plus facile et rapide… et avec moins de vaisselle à laver. Manger est à la fois sain et plaisant avec la combinaison gagnante de la diète cétogène et de l'autocuiseur.

Cet ouvrage vous livrera les rudiments pour amorcer un régime cétogène, compter vos glucides nets et utiliser votre autocuiseur. Il comprend 100 recettes saines, savoureuses et cétogènes à préparer dans l'autocuiseur. Je souhaite qu'il soit une ressource et un outil pour vous, afin que vous ayez tout ce qu'il faut pour amorcer un mode de vie cétogène avec votre autocuiseur.

COMMENT FONCTIONNE LA CÉTOGENÈSE

La façon dont votre corps génère l'énergie – et sa façon de l'utiliser – est le produit direct des aliments que vous mangez, de la façon dont votre organisme transforme ces aliments et de l'impact sur votre santé qui en résulte. La cétogenèse est un état métabolique dans lequel l'organisme est forcé de brûler la graisse corporelle présente comme combustible, parce qu'on le prive de glucose, sa source normale de combustible dans un régime alimentaire riche en glucides.

COMMENT L'ORGANISME CRÉE DU COMBUSTIBLE DANS UN RÉGIME RICHE EN GLUCIDES

Dans un régime alimentaire occidental standard, on consomme une grande quantité de glucides, que l'organisme utilise ensuite comme source de combustible pour l'énergie. Le système digestif décompose ces glucides et les transforme en molécules de glucose ; celles-ci entrent ensuite dans la circulation du sang qui les transporte aux organes et aux muscles où elles sont utilisées comme énergie.

Une fois consommés, les glucides sont métabolisés très vite par l'organisme, procurant du carburant à combustion rapide et des pics d'énergie à court terme. Toutefois, comme ce type d'énergie est éphémère, il procure énergie et satiété seulement sur une très courte période ; par conséquent, le corps devient privé de combustible à plus court terme. C'est pourquoi il est courant d'être affamé plus tôt dans un régime à forte teneur en glucides et, aussi, pourquoi nos réserves de sucre s'épuisent plus vite (communément appelé faible taux glycémique ou effondrement glycémique).

Les régimes riches en glucides peuvent aussi élever le taux glycémique, ce qui peut entraîner le pancréas à produire plus d'insuline pour contrer l'excès de glucose. Cette hausse d'insuline peut éventuellement entraîner la résistance des cellules à cette hormone et, donc, augmente le risque individuel de développer le diabète de type 2.

1 Un aliment riche en glucides est consommé.

2 Le pancréas produit de l'insuline, qui permet au glucose – sucre dans le sang – d'être utilisé pour l'énergie.

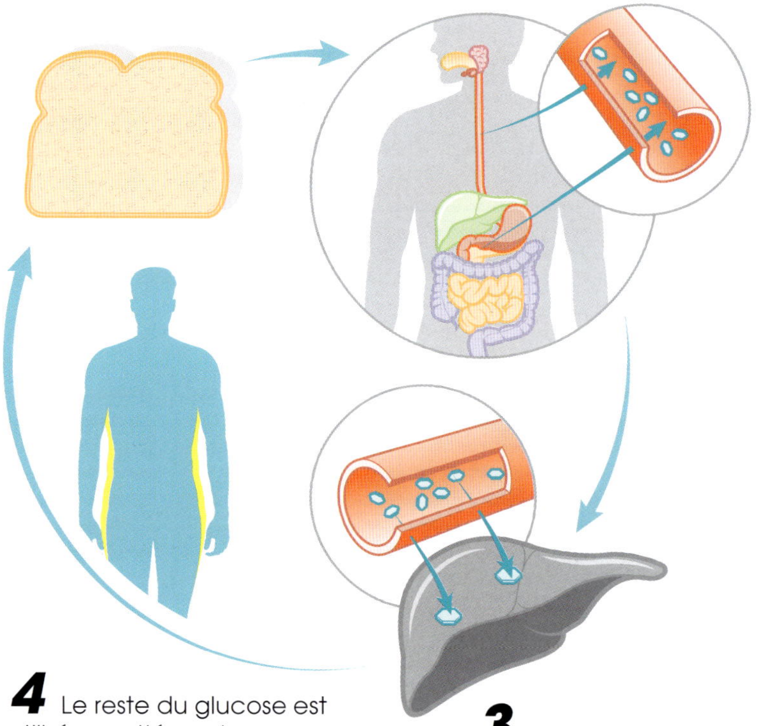

3 De petites quantités inutilisées de glucose sont transformées en glycogène et emmagasinées dans les muscles et le foie pour un usage ultérieur.

4 Le reste du glucose est utilisé pour l'énergie par l'organisme. Tout excès de glucose qui n'est pas brûlé pour l'énergie est ensuite transformé en réserve de graisse corporelle.

COMMENT L'ORGANISME CRÉE DU COMBUSTIBLE DANS UN RÉGIME CÉTOGÈNE

Dans un régime cétogène, il n'y a pas assez de glucose que l'organisme peut utiliser comme énergie ; par conséquent, il brûlera les réserves de graisse pour produire un combustible alternatif, que le foie décompose pour produire de l'énergie. Ce processus crée des sous-produits, les cétones, que le corps utilise éventuellement comme énergie. Comme l'organisme métabolise les graisses alimentaires plus lentement que les glucides, vous vous sentirez rassasié plus longtemps tout en bénéficiant d'une énergie plus durable. Une fois la cétogenèse atteinte, vous ferez l'expérience éventuellement de niveaux d'énergie plus élevés, d'une clarté intellectuelle supérieure, d'un meilleur sommeil et de fonctions cognitives améliorées. Notez que, au début, quand votre organisme atteint la cétogenèse, vous pouvez éprouver des effets négatifs temporaires, dont la mauvaise haleine, l'urine à odeur inhabituelle et la fatigue. Souvent appelées « grippe cétogène », les symptômes désagréables de cet état se résorberont à mesure que le corps s'adaptera aux changements qu'il subit.

1 Un aliment riche en lipides et faible en glucides est consommé.

2 En l'absence de sucres dans l'aliment consommé, l'organisme brûle des réserves de graisse corporelle pour créer de l'énergie.

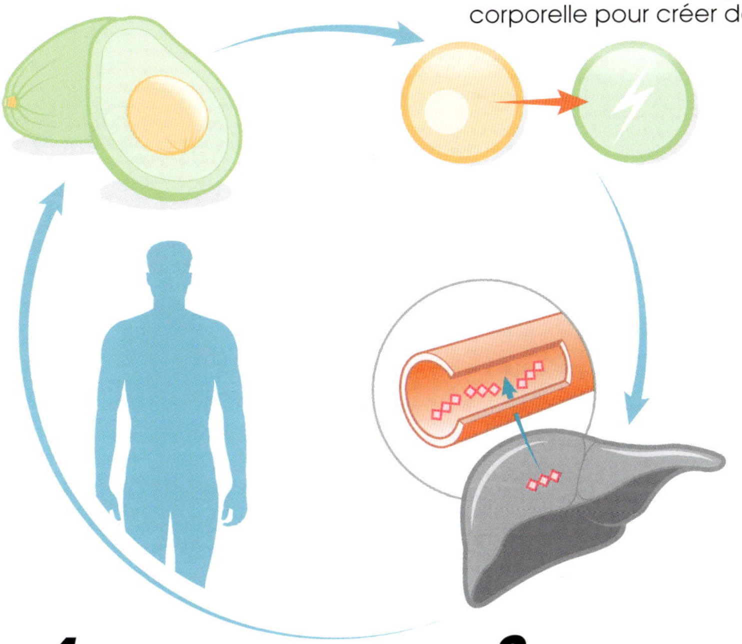

3 En décomposant la graisse corporelle, le foie produit des cétones qui sont ensuite envoyées dans l'organisme *via* la circulation du sang.

4 Les cétones sont utilisées par l'organisme comme énergie. Le surplus de cétones est expulsé *via* les reins et les poumons.

Acidocétose et cétogenèse : connaître la différence

Quoique leurs noms soient apparentés, la cétogenèse et l'acidocétose – aussi connue comme acidocétose diabétique – ne sont pas pareilles. L'acidocétose est une complication potentiellement fatale du diabète de type 1 causée par un taux excessivement élevé de cétones dans le foie et un fort indice glycémique. Elle peut se produire chez les gens atteints du diabète de type 2, ou alcooliques, et peut se manifester en conséquence d'un taux d'insuline inadéquat chez un diabétique, ou à la suite d'un régime alimentaire inapproprié. Elle peut survenir aussi durant des périodes de privation de nourriture extrême. Une diète saine à faible teneur en glucides et bonne gestion des cétones ne cause pas l'acidocétose. La cétogenèse n'est pas nocive ; elle n'est que la manifestation de la présence de taux élevés de cétones dans le sang et l'urine. Bien que la cétogenèse produise des cétones, elle n'entraîne pas de taux de cétones assez élevés pour provoquer l'acidocétose.

Signes et symptômes de l'acidocétose

- Miction fréquente
- Soif extrême
- Nausée et vomissement
- Douleur abdominale
- Confusion
- Difficulté respiratoire
- Léthargie

Note : *Avant tout changement important dans votre régime alimentaire, il est recommandé de consulter un médecin pour un examen physique complet, une analyse glycémique et un examen de tout problème de santé. Si vous éprouvez un symptôme quelconque d'acidocétose, vous devez cesser immédiatement la diète cétogène et consulter un médecin pour être examiné. Dans les cas graves d'acidocétose, vous devez obtenir une aide médicale de toute urgence.*

CUISINE CÉTOGÈNE

Connaître ce que vous pouvez manger – et éviter – est une étape importante quand on amorce une diète cétogène. Le guide suivant vous aidera à comprendre quels aliments sont cétogènes et lesquels devraient être évités.

BON

LÉGUMES
Ail, artichaut, asperge, aubergine, avocat, bette à carde, brocoli, céleri, champignon, chou de Bruxelles, chou vert, chou-fleur, chou, citrouille, concombre, courge, courgette, cresson, endive, épinard, feuilles de moutarde, germes de luzerne, gombo, haricot vert, jalapeño, jicama, kale, laitue Iceberg, navet, oignon vert, olive, pak-choï, piment, poivron, radis, roquette, tomate, tomatille

FRUITS
Bleuet, citron, fraise, framboise, lime, mûre, noix de coco (non sucrée)

GRAS ET HUILES
Beurre, ghee, gras de bacon, huile d'avocat, huile d'olive, huile de noix de coco, huile de sésame, huiles de noix et de graines, lard

VIANDE ET ŒUFS
Bœuf, fruits de mer et crustacés, œufs, poisson, porc, volaille

PRODUITS LAITIERS
Beurre entier, crème riche en matières grasses (crème 35 %), crème sure riche en matières grasses, fromages riches en matières grasses (fermes, mous, semi-fermes, à la crème, ricotta et mascarpone)

ALTERNATIVES AUX PRODUITS LAITIERS
Boisson d'amandes non sucrée, crème de noix de coco entière non sucrée, fromage d'amandes, lait de coco entier non sucré

AVEC MODÉRATION

LÉGUMES
Carotte, céleri-rave, oignon, rutabaga

FRUITS
Cantaloup, cerise, clémentine, kiwi, pastèque, pêche, prune

VIANDES ET ŒUFS
Viandes non salées ou non fumées ou traitées minimalement qui ne contiennent aucun sucre ajouté et sont sans gluten et sans nitrate, dont le bacon, le jambon, le pepperoni, le salami, la saucisse, la saucisse à hot-dog et certaines charcuteries

PRODUITS LAITIERS ET ALTERNATIVES
Fromage cottage riche en matières grasses, yogourt grec nature non sucré riche en matières grasses

ÉVITEZ

LÉGUMES
Betterave, igname, maïs, navet, pois, patate douce, pomme de terre

FRUITS
Ananas, banane, datte (et la plupart des autres fruits séchés), mangue, orange, poire, pomme, raisin

GRAS ET HUILES
Huile de pépins de raisin, huiles hydrogénées (arachides, maïs, coton), huiles partiellement hydrogénées (palme, végétale, canola, soya), margarine, huiles végétales traitées

VIANDES ET ŒUFS
Viandes traitées qui contiennent des additifs comme du sucre, du sirop de maïs, du sirop d'érable, de la farine de blé, de la farine de riz et autres amidons

PRODUITS LAITIERS ET ALTERNATIVES
Boissons de noix sucrées (dont amandes et noix de cajou), desserts à base de produits laitiers sucrés (dont crème glacée, yogourt glacé et lait frappé), lait de coco sucré, laits de vache (écrémés, partiellement écrémés et entiers, car ils contiennent du sucre), produits laitiers écrémés ou partiellement écrémés qui contiennent du sucre ajouté, yogourts contenant des fruits riches en glucides (comme les pommes et les bananes), yogourts sucrés

ÉDULCORANTS

BON

Mélanges érythritol-oligosaccharides (comme Swerve) – Mélanges d'alcool de sucre et de fibres (granules et de produits pour confiseur). Sans calorie, à faible indice glycémique, sans glucides à impact (glucides non métabolisés) et n'élevant pas le taux de glycémie. Ils goûtent comme le sucre et se mesurent de la même façon. On peut aussi les faire dorer ou les caraméliser comme du sucre, ce qui en fait des édulcorants idéals pour la boulangerie et la pâtisserie.

Mélanges érythritol et stévia (comme Truvia) – Mélanges d'alcool de sucre et de stévia à faible teneur en glucides. Ces mélanges édulcorants sont bons aussi pour la boulangerie et la pâtisserie, mais ils sont plus sucrés que le sucre. Si vous utilisez un tel mélange pour remplacer d'autres édulcorants, vous devrez vérifier l'emballage pour des proportions d'équivalence.

Mélanges de stévia et d'inuline (comme Sweet Leaf) – Édulcorants en granules à faible teneur en glucides combinant stévia et fibres. Bons pour le café, le thé, la crème fouettée, mais pas pour la boulangerie et la pâtisserie.

Stévia – Édulcorant à faible teneur en glucides (granules et liquide). Fonctionne bien dans les liquides et les aliments froids, mais moins bien pour la boulangerie et la pâtisserie. Le stévia peut avoir un arrière-goût très prononcé. Meilleur quand on le combine à un alcool de sucre.

Fruit des moines (luo han guo) – Édulcorant à faible teneur en glucides plus difficile à trouver et dont la teneur en glucides varie selon la marque et les autres ingrédients qui l'accompagnent.

Xylitol – Édulcorant d'alcool de sucre à faible teneur en glucides. Très toxique pour les chiens et peut causer des problèmes gastriques chez certains individus.

ÉVITEZ

Jus de fruits, miel, sirop d'agave, sirop d'érable, sirop de maïs riche en fructose, sucre (blanc, cassonade ou brut), sucre de dattes, sucre de fleur de coco

Tout édulcorant artificiel, comme l'aspartame, la saccharine et le sucralose (bien que faible en glucides, les risques pour la santé l'emportent sur les avantages)

INGRÉDIENTS DE SPÉCIALITÉ

- **Boisson d'amandes et lait de coco non sucrés** – Boissons de noix non sucrées, plus faibles en glucides que le lait de vache traditionnel.
- **Crème de coco** – Crème épaisse (voire ferme) extraite du lait de coco, c'est une alternative sans lait à la crème à fouetter.
- **Farine de noix de coco** – Farine faible en glucides, riche en fibres et en lipides, sans gluten, extraite de la chair séchée et moulue de noix de coco. Utilisée pour la boulangerie et la pâtisserie faibles en glucides
- **Farine d'amandes** – Farine faible en glucides, riche en lipides et sans gluten, faite d'amandes moulues. Utilisée pour la boulangerie et la pâtisserie faibles en glucides.
- **Farine de lin doré** – Farine de graines moulues faible en glucides, riche en fibres et sans gluten, utilisée pour la boulangerie et la pâtisserie faibles en glucides.
- **Poudre d'arrow-root** – Poudre farineuse tirée de racines de marante ou autres plantes tropicales qui, utilisée en petites quantités, est bonne pour épaissir sauces et potages. Notez que la poudre d'arrow-root n'est pas faible en glucides et doit être utilisée seulement en petites quantités.
- **Gomme de xanthane** – Émulsifiant et épaississant naturel utilisé pour épaissir sauces ou crèmes, ou aider à lier des farines sans gluten en boulangerie et pâtisserie.

Boulangerie et pâtisserie avec des édulcorants faibles en glucides

Dans la boulangerie et la pâtisserie avec des édulcorants faibles en glucides, essayez toujours d'utiliser l'édulcorant précis qu'exige la recette. Changer l'édulcorant peut entraîner des résultats décevants et le produit fini peut ne pas dorer de façon appropriée. Si vous devez utiliser un édulcorant ou un mélange édulcorant différent de ce qu'exige la recette, référez-vous au tableau d'équivalences des produits pour procéder à tout ajustement nécessaire des mesures.

CUISINER AVEC L'AUTOCUISEUR INSTANT POT

Comprendre le fonctionnement de l'Instant Pot et comment les temps de cuisson ont un impact sur la préparation des recettes vous aidera à gagner du temps et, aussi, à améliorer les résultats dans l'autocuiseur. Vous pourriez aussi tirer avantage de posséder certains accessoires additionnels.

TOUCHES DE FONCTION DE L'INSTANT POT

- **Touches de programmation –** Modes de cuisson préprogrammés, chacun conçu pour cuire des types spécifiques d'aliment en utilisant des temps et des niveaux de pression préréglés. Certaines touches peuvent être différentes selon le modèle possédé, mais il est important de noter que, pour le mode de cuisson principal sous pression, certains appareils auront une touche de réglage **Pressure Cook (Cuisson sous pression)** et d'autres, une touche **Manual (Manuel)**.
- **Touches de fonctionnement –** Contrôle d'un certain nombre de fonctions, dont régler des niveaux de pression, éteindre l'appareil (en choisissant **Cancel/ Annuler**), choisir le mode **Keep Warm (Garder au chaud)** ou **Delay Start (Mise en marche différée)** pour fixer un délai avant le début du cycle de cuisson.
- **Indicateur de pression (manomètre) –** Indique le niveau de pression actuel pour chacun des modes de cuisson sous pression.
- **Indicateur de mode –** Permet d'ajuster le niveau de pression à **Less (Moins)**, **Normal (Normal)** ou **More (Plus)** pour chacun des divers programmes de cuisson sous pression.
- **Touches +/- –** Chaque programme dispose d'un temps de cuisson préréglé et ces touches vous permettent d'ajuster manuellement les temps de cuisson.
- **Affichage du temps –** Affiche le temps de cuisson sur l'écran DEL. Quand un mode est actif, la minuterie compte à rebours. Quand un mode est complété et que le mode **Keep Warm (Garder au chaud)** a été activé, la minuterie compte de façon croissante.

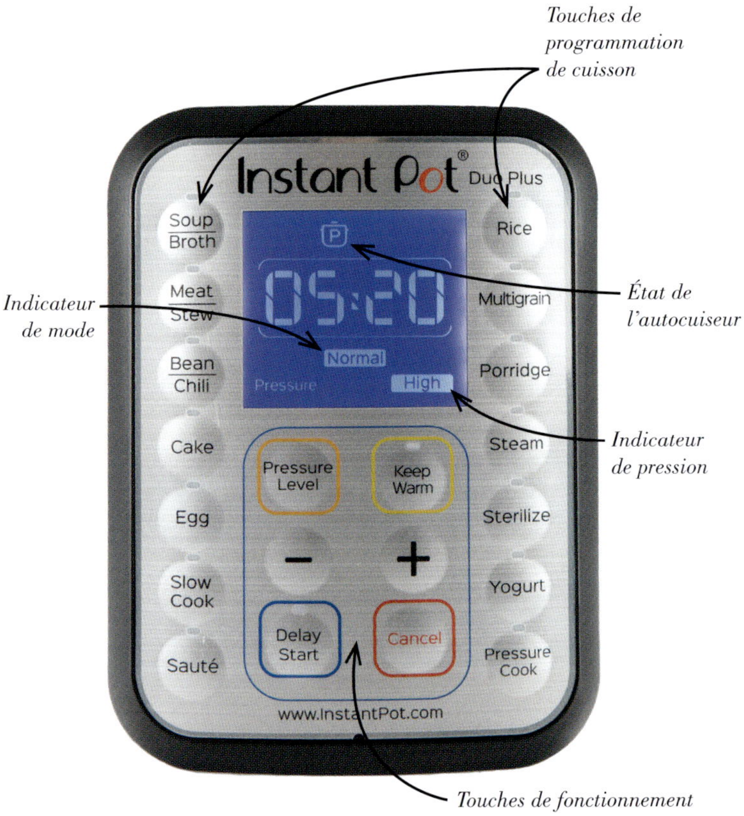

Comprendre les temps de cuisson dans l'Instant Pot

Comprendre le fonctionnement des différents temps de cuisson vous aidera à mieux planifier les durées en prévision de vos repas.

- **Préparation –** Temps requis pour la préparation des ingrédients, avant de les mettre dans l'autocuiseur pour les cuire.
- **Montée en pression –** Assez semblable au temps de préchauffage d'un four, le temps de montée en pression correspond au temps requis pour l'accumulation de pression dans l'autocuiseur. Ce temps est inclus dans tout programme de cuisson sous pression, mais il n'est pas inclus dans le temps réel de cuisson. Notez que la minuterie de l'autocuiseur ne démarre qu'au moment où l'appareil a atteint la pression maximale.
- **Sous pression –** Temps requis pour cuire un aliment une fois que la pression maximale a été atteinte dans l'autocuiseur. Le temps sous pression n'inclut pas les durées de montée en pression, de libération ou de refroidissement dans l'autocuiseur.

ACCESSOIRES UTILES

Ces accessoires ne sont pas inclus avec l'Instant Pot, mais sont utilisés dans nombre de recettes du livre.

Couvercle en verre trempé
Les couvercles en verre munis d'une soupape d'évacuation ne sont pas obligatoires, mais de nombreux modèles s'ajustent à l'Instant Pot. Ils sont utiles dans les modes programmés Mijoteuse (**Slow Cook**) ou Yogourt (**Yogurt**) quand la pression n'est pas requise pour la cuisson.

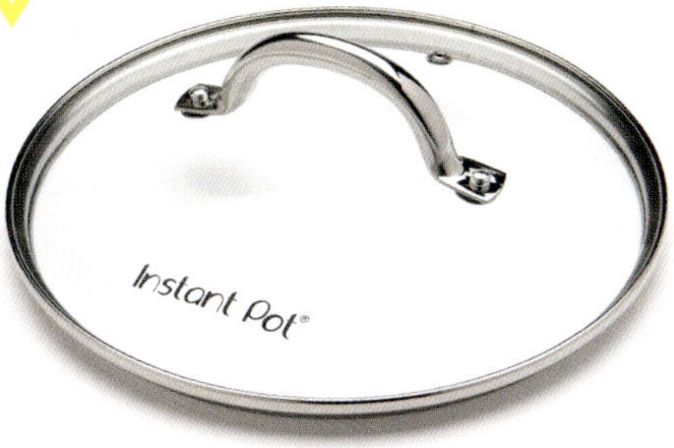

Moule à charnière
Un moule à charnière est pratique pour la cuisson de gâteaux, de gâteaux au fromage et autres recettes dans l'Instant Pot. Recherchez un moule de 15,25 à 17,5 cm (6 à 7 po) qui s'insérera facilement dans le récipient intérieur. Un modèle antiadhésif aidera à minimiser le nettoyage.

Marguerite
La marguerite est utile pour cuire à la vapeur des aliments qui s'insèrent mal dans l'étuveuse (ou grille perforée). Recherchez un modèle en acier inoxydable ou en silicone sur pattes avec de petites ouvertures, qui laisseront circuler la vapeur, et d'une taille qui s'insérera dans le récipient intérieur.

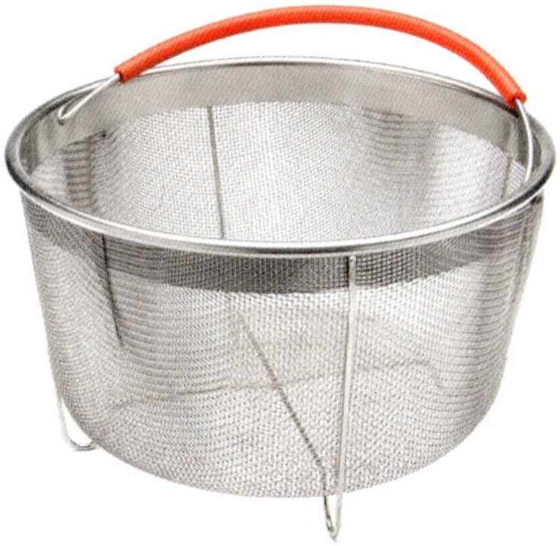

Coupelles à muffins en silicone
Les coupelles à muffins ou à petits gâteaux réutilisables et lavables sont faciles d'entretien et très pratiques pour la cuisson des muffins ou petits gâteaux dans l'Instant Pot.

Ramequins
Les ramequins sont pratiques pour cuire dans l'Instant Pot des aliments déjà répartis en portions individuelles, comme des desserts. Recherchez des ramequins en céramique très résistante en formats de 110 ml (4 oz) et 170 ml (6 oz).

- **Libération** – Temps requis par l'autocuiseur pour évacuer la pression une fois la cuisson complétée. Cette libération peut être naturelle : on laisse la pression diminuer naturellement. Ce peut être une libération rapide : la pression est évacuée de force de l'autocuiseur en déplaçant la valve de libération de la vapeur sur le couvercle. La libération rapide peut prendre aussi peu que 1 minute, tandis que la libération naturelle peut durer jusqu'à 30 minutes, selon la température ou le volume de l'aliment et autres facteurs.
- **Total** – Temps requis pour compléter une recette du début à la fin, soit depuis la préparation des ingrédients jusqu'au moment où la recette est prête à être servie. Le temps total d'une recette inclut le temps de préparation, le temps de montée en pression, les temps de cuisson ou de cuisson sous pression, le temps de libération et le temps de toute autre étape qui peut être requise pour compléter la recette, comme sauter, laisser reposer, refroidir, mariner ou laisser prendre.

DÉJEUNERS

FRITTATA BACON, ÉPINARDS ET TOMATES

PORTIONS : 8
PAR PERSONNE : 1 POINTE

PRÉPARATION : 5 MINUTES
TEMPS SOUS PRESSION : 22 MINUTES
TOTAL : 41 MINUTES

RÉGLAGE : PRESSURE COOK (CUISSON SOUS PRESSION)
LIBÉRATION : NATURAL/QUICK (NATURELLE/RAPIDE)

Sans croûte et extrêmement faible en glucides, cette délicieuse frittata colorée est riche en bacon et épinards savoureux. L'ajout de ricotta aide à la rendre ultra légère et crémeuse.

- 23 ml (1½ c. à s.) d'huile d'olive
- 125 ml (½ tasse) d'épinards frais, hachés
- 5 tranches de bacon, cuit et haché
- 5 gros œufs
- 125 ml (½ tasse) de blancs d'œufs liquides
- 125 ml (½ tasse) de ricotta de lait entier
- 1 ml (¼ c. à t.) de moutarde en poudre
- 3 ml (½ c. à t.) de sel de mer, moulu finement
- 1 ml (¼ c. à t.) de poivre noir moulu
- 1 tomate moyenne, en 6 tranches
- 125 ml (½ tasse) de cheddar, râpé

1. Badigeonner un plat à soufflé rond de 15,25 x 7,5 cm (6 x 3 po) d'huile d'olive. Étendre une couche d'épinards au fond du plat, puis une couche de bacon. Mettre en attente.
2. Dans un grand bol, combiner œufs, blancs d'œufs, ricotta, moutarde en poudre, sel de mer et poivre noir. Fouetter jusqu'à ce que le tout soit bien homogène et sans grumeaux.
3. Verser le mélange sur les épinards et le bacon. Disposer les tranches de tomate sur le dessus. Couvrir hermétiquement d'une feuille de papier d'aluminium.
4. Mettre l'étuveuse dans le récipient intérieur de l'autocuiseur, puis ajouter 500 ml (2 tasses) d'eau au fond du récipient. Placer le plat couvert sur l'étuveuse.
5. Couvrir, verrouiller le couvercle et placer la valve de libération de la vapeur en position blocage. Sélectionner **Pressure Cook (High)/Cuisson sous pression (Élevée)**, puis régler le temps de cuisson à **22 minutes.**
6. Pendant la cuisson, préchauffer le gril du four à 232 °C (450 °F).
7. Une fois le temps de cuisson complété, laisser la pression se libérer naturellement 10 minutes, puis évacuer rapidement la pression résiduelle.
8. Ouvrir le couvercle, saisir prudemment les poignées de l'étuveuse pour sortir étuveuse et plat du récipient. Enlever et jeter le papier d'aluminium. Parsemer le dessus de la frittata du cheddar.
9. Mettre la frittata dans le four et griller 2 à 4 minutes, ou jusqu'à ce que le fromage soit doré.
10. Retirer du four et transférer dans une assiette de service. Couper en 8 pointes égales. Servir chaud.

Conseil *Si vous utilisez un moule à charnière, assurez-vous de couvrir le dessous du moule d'une feuille de papier d'aluminium pour éviter les fuites.*

Valeur nutritive par portion
CALORIES : 155 **LIPIDES :** 12 g **GLUCIDES NETS :** 2 g **PROTÉINES :** 11 g

POIVRONS FARCIS AUX ŒUFS BÉNÉDICTINES

PORTIONS : 4
PAR PERSONNE : 250 ML (1 TASSE) ET 15 ML (1 C. À S.) DE SAUCE

PRÉPARATION : 2 MINUTES
TEMPS SOUS PRESSION : 3 MINUTES
TOTAL : 7 MINUTES

RÉGLAGE : PRESSURE COOK (CUISSON SOUS PRESSION)
LIBÉRATION : NATURAL/QUICK (NATURELLE/RAPIDE)

Ces œufs savoureux et légèrement épicés entrent sans problème dans les poivrons. Ils sont accompagnés d'une fausse sauce hollandaise crémeuse et légèrement acidulée. Simples à préparer et prêts en un rien de temps, ils sont sans gluten.

4 gros œufs

4 poivrons moyens, dessus et graines enlevés

6 feuilles de mini-roquette

SAUCE

60 ml (¼ tasse) de mayonnaise

5 ml (1 c. à t.) de moutarde de Dijon

3 ml (½ c. à t.) de jus de citron

3 ml (½ c. à t.) de vinaigre blanc

1 ml (¼ c. à t.) de sel de mer, moulu finement

0,5 ml (⅛ c. à t.) de poivre noir moulu

1 ml (¼ c. à t.) de curcuma moulu

1. Mettre l'étuveuse dans le récipient intérieur, puis ajouter 250 ml (1 tasse) d'eau au fond du récipient.
2. Préparer la sauce en combinant tous les ingrédients dans un petit bol. Fouetter jusqu'à ce que le tout soit bien mélangé. Couvrir et réfrigérer.
3. Casser délicatement 1 œuf dans chaque coupelle de poivron en vous assurant de ne pas briser le jaune. Couvrir le dessus de chacun d'un petit carré de papier d'aluminium. Placer les poivrons couverts sur l'étuveuse.
4. Couvrir, verrouiller le couvercle et placer la valve de libération de la vapeur en position blocage. Sélectionner **Pressure Cook (High)/ Cuisson sous pression (Élevée)**, puis régler le temps de cuisson à **3 minutes**.
5. Une fois le temps de cuisson complété, laisser la pression se libérer naturellement 2 minutes, puis évacuer rapidement la pression résiduelle.
6. Ouvrir le couvercle et transférer les poivrons dans une assiette de service.
7. Retirer le papier d'aluminium et garnir chaque poivron de 15 ml (1 c. à s.) de sauce. Garnir des feuilles de roquette et servir chaud.

Conseil *Pour un jaune plus mou, réduisez le temps sous pression à 2 minutes ; pour un jaune plus ferme, augmentez le temps sous pression à 4 minutes.*

Valeur nutritive par portion
CALORIES : 200 **LIPIDES :** 15 g **GLUCIDES NETS :** 9 g **PROTÉINES :** 8 g

GRUAU CRÉMEUX LIN ET AMANDES

Chaud et crémeux, ce gruau de lin aux accents de cannelle et de vanille est garni de petits fruits frais et sucrés. Cétogène, sans gluten et en accord avec le régime paléo, il est nourrissant et prêt en seulement 4 minutes !

PORTIONS : 4
PAR PERSONNE :
125 ML (½ TASSE) DE GRUAU ET
125 ML (½ TASSE) DE PETITS FRUITS

PRÉPARATION : 2 MINUTES
TEMPS SOUS PRESSION : 2 MINUTES
TOTAL : 4 MINUTES

RÉGLAGE : PORRIDGE/GRUAU
LIBÉRATION : QUICK/RAPIDE

- 125 ml (½ tasse) de graines de tournesol crues, non salées et décortiquées
- 150 ml (⅔ tasse) de farine d'amandes
- 60 ml (¼ tasse) de farine de lin doré
- 40 ml (2½ c. à s.) de beurre ou de ghee, fondu
- 625 ml (2½ tasses) d'eau
- 250 ml (1 tasse) de boisson d'amandes non sucrée
- 3 ml (½ c. à t.) d'extrait de vanille
- 3 ml (½ c. à t.) de cannelle moulue
- 20 ml (4 c. à t.) de mélange édulcorant érythritol-oligosaccharides en granules
- 500 ml (2 tasses) de petits fruits en mélange (bleuets, framboises ou mûres)

1. Mettre les graines de tournesol dans un petit robot culinaire ou un moulin à café et mixer. En utilisant la fonction Pulse, mixer jusqu'à l'obtention d'une texture semblable à de la farine.
2. Dans un bol moyen, combiner la farine de tournesol, la farine d'amandes et la farine de lin. Mêler bien pour obtenir un mélange homogène.
3. Verser le beurre ou le ghee fondu dans le récipient de l'autocuiseur, puis ajouter le mélange de farines et l'eau. Brasser jusqu'à ce que le tout soit bien combiné.
4. Couvrir, verrouiller le couvercle et placer la valve de libération de la vapeur en position blocage. Sélectionner **Porridge (High)/ Gruau (Élevée)**, puis régler le temps de cuisson à **2 minutes**.
5. Une fois le temps de cuisson complété, évacuer rapidement la pression.
6. Ouvrir le couvercle et ajouter la boisson d'amandes et l'extrait de vanille. Si le gruau est trop épais, ajouter de l'eau, 5 ml (1 c. à t.) à la fois, jusqu'à l'obtention de la consistance désirée.
7. Avec une cuillère, transférer le gruau dans des bols. Garnir chaque portion de 0,5 ml (⅛ c. à t.) de cannelle, 5 ml (1 c. à t.) d'édulcorant et 125 ml (½ tasse) de petits fruits. Servir chaud.

Conseil *Pour une recette sans lait, remplacez le beurre par 40 ml (2½ c. à s.) d'huile de noix de coco.*

Valeur nutritive par portion
CALORIES : 310 **LIPIDES :** 27 g **GLUCIDES NETS :** 6 g **PROTÉINES :** 10 g

CRÊPES ALLEMANDES À LA MIJOTEUSE

Étonnant, cette crêpe géante est faible en glucides si on la compare aux crêpes traditionnelles. Elle a une texture de crêpe épaisse et un goût légèrement sucré. Arrosée de beurre fondu, elle est garnie d'une cuillerée de confiture sans sucre.

PORTIONS : 6
PAR PERSONNE : 1 POINTE

PRÉPARATION : 5 MINUTES
CUISSON : 1 HEURE 30 MINUTES
TOTAL : 1 HEURE 35 MINUTES

RÉGLAGE :
SLOW COOK/CUISSON LENTE
LIBÉRATION : AUCUNE

- 4 gros œufs
- 125 ml (½ tasse) de boisson d'amandes non sucrée
- 3 ml (½ c. à t.) de jus de citron
- 5 ml (1 c. à t.) d'extrait de vanille
- 250 ml (1 tasse) de farine d'amandes
- 60 ml (¼ tasse) de mélange édulcorant érythritol-oligosaccharides en granules
- 3 ml (½ c. à t.) de levure chimique
- 1 ml (¼ c. à t.) de sel de mer, moulu finement
- 45 ml (3 c. à s.) de beurre fondu, divisé
- 30 ml (2 c. à s.) de confiture de petits fruits, sans sucre ajouté

1. Dans un grand bol, combiner œufs, boisson d'amandes, jus de citron et extrait de vanille. Fouetter pour mêler et mettre en attente.
2. Dans un bol moyen, combiner farine d'amandes, édulcorant, levure chimique et sel de mer. Bien mêler.
3. Ajouter les ingrédients humides aux ingrédients secs et brasser jusqu'à ce que le mélange soit bien combiné et sans grumeaux.
4. Enduire le fond du récipient de l'autocuiseur de 15 ml (1 c. à s.) de beurre fondu, puis verser le mélange.
5. Couvrir, verrouiller le couvercle, mais laisser la valve de libération de la vapeur en position aération. Sélectionner **Slow Cook (High)/ Cuisson Lente (Élevée)**, ajuster le mode à **More/Plus**, puis régler le temps de cuisson à **1 heure 30 minutes**.
6. Une fois le temps de cuisson complété, ouvrir le couvercle pour insérer un cure-dent au centre de la crêpe et vérifier si elle est prête (le cure-dent devrait en ressortir propre).
7. Retirer le récipient intérieur. Avec une spatule, détacher délicatement les bords de la crêpe des parois du récipient, puis transférer dans une grande assiette. Avec la spatule, retourner la crêpe pour que le côté doré soit sur le dessus.
8. Couper en 6 pointes égales. Arroser chaque portion de 5 ml (1 c. à t.) de beurre fondu et garnir de 5 ml (1 c. à t.) de confiture aux petits fruits. Servir chaud.

Conseil *Utilisez une confiture étiquetée sans sucre, sans sucre ajouté ou avec stévia. Recherchez des variétés comme petits fruits en mélange, fraises, bleuets, framboises ou mûres.*

Valeur nutritive par portion
CALORIES : 138 **LIPIDES :** 11 g **GLUCIDES NETS :** 3 g **PROTÉINES :** 5 g

MUFFINS AUX BLEUETS LÉGERS ET SUCRÉS

PORTIONS : 6
PAR PERSONNE : 1 MUFFIN

PRÉPARATION : 6 MINUTES
TEMPS SOUS PRESSION : 20 MINUTES
TOTAL : 36 MINUTES

RÉGLAGE : PRESSURE COOK/ CUISSON SOUS PRESSION
LIBÉRATION : NATURAL/QUICK (NATURELLE/RAPIDE)

À faible teneur en glucides et débordants de bleuets frais, ces muffins légèrement sucrés sont le parfait accompagnement pour votre café ou votre thé matinal. En outre, avec seulement deux glucides nets, ils constituent aussi une collation parfaite entre les repas.

- 80 ml (⅓ tasse) de farine de noix de coco
- 23 ml (1½ c. à s.) de farine de lin doré
- 68 ml (4½ c. à s.) de mélange édulcorant érythritol-oligosaccharides en granules
- 5 ml (1 c. à t.) de levure chimique
- 1 ml (¼ c. à t.) de bicarbonate de sodium
- 0,5 ml (⅛ c. à t.) de sel de mer, moulu finement
- 80 ml (⅓ tasse) de boisson d'amandes non sucrée
- 2 gros œufs, battus
- 23 ml (1½ c. à s.) de beurre, fondu
- 5 ml (1 c. à t.) d'extrait de vanille
- 75 ml (⅓ tasse) de bleuets frais

1. Dans un grand bol, combiner farine de noix de coco, farine de lin, édulcorant, levure chimique, bicarbonate de sodium et sel de mer. Mêler jusqu'à ce que le tout soit homogène et sans grumeaux. Mettre en attente.
2. Dans un bol moyen, combiner boisson d'amandes, œufs, beurre fondu et extrait de vanille. Bien mêler.
3. Ajouter les ingrédients humides aux ingrédients secs et brasser jusqu'à l'obtention d'un mélange lisse, sans grumeaux. En pliant délicatement, ajouter les bleuets à la pâte.
4. En répartissant également la pâte, remplir aux trois quarts 6 coupelles à muffins en silicone. Utiliser une cuillère pour égaliser la pâte et enfoncer les bleuets.
5. Ajouter 250 ml (1 tasse) d'eau au fond du récipient de l'autocuiseur. Mettre une feuille de papier d'aluminium de 25 cm (10 po) sur l'étuveuse. Déposer les coupelles à muffins sur le dessus, puis plier l'excédent de papier d'aluminium autour des parois des coupelles.
6. En saisissant les poignées, déposer l'étuveuse dans le récipient. Couvrir lâchement les muffins d'un autre papier d'aluminium de 25 cm (10 po).
7. Couvrir, verrouiller le couvercle, puis placer la valve de libération de la vapeur en position blocage. Sélectionner **Pressure Cook (High)/Cuisson sous pression (Élevée)**, puis régler le temps de cuisson à **20 minutes**.
8. Une fois le temps de cuisson complété, laisser la pression se libérer naturellement 10 minutes, puis évacuer rapidement la pression résiduelle.
9. Ouvrir le couvercle, retirer le papier d'aluminium et saisir prudemment les poignées de l'étuveuse pour sortir étuveuse et muffins du récipient. Retirer les muffins des coupelles en silicone. Servir chaud.

Conseil *Pour une recette sans lait, remplacez le beurre par 23 ml (1½ c. à s.) d'huile de noix de coco.*

Valeur nutritive par portion
CALORIES : 89 **LIPIDES :** 6 g **GLUCIDES NETS :** 2 g **PROTÉINES :** 3 g

FRITTATA ÉPINARDS ET CHAMPIGNONS GRATINÉE

Cette frittata légère et moelleuse, sans croûte et à faible teneur en glucides, déborde d'œufs riches en protéines, d'épinards et de champignons santé. Excellente au déjeuner, elle peut aussi servir de dîner léger.

PORTIONS : 6
PAR PERSONNE : 1 POINTE

PRÉPARATION : 4 MINUTES
TEMPS SOUS PRESSION : 30 MINUTES
TOTAL : 50 MINUTES

RÉGLAGE : PRESSURE COOK (CUISSON SOUS PRESSION)
LIBÉRATION : NATURAL/QUICK (NATURELLE/RAPIDE)

- 250 ml (1 tasse) de champignons frais, tranchés
- 250 ml (1 tasse) de bébés épinards frais
- 6 gros œufs
- 60 ml (¼ tasse) de crème 35 % de matières grasses
- 5 ml (1 c. à t.) de sel de mer, moulu finement
- 3 ml (½ c. à t.) de poivre noir moulu
- 125 ml (½ tasse) de fromage Monterey Jack, râpé
- ½ avocat, tranché

1. Vaporiser un plat à soufflé rond de 1 l (4 tasses) et 16,5 cm (6,5 po) de diamètre d'enduit antiadhésif à l'huile de noix de coco. Disposer les champignons et les feuilles d'épinard au fond du moule. Mettre en attente.
2. Dans un grand bol, combiner œufs, crème, sel de mer et poivre noir. Bien mêler pour combiner. Verser délicatement le mélange aux œufs sur les champignons et les épinards.
3. Ajouter 375 ml (1 ½ tasse) d'eau au fond du récipient intérieur de l'autocuiseur. Mettre le plat à soufflé sur l'étuveuse et, à l'aide des poignées, déposer étuveuse et plat dans le récipient.
4. Couvrir, verrouiller le couvercle, puis placer la valve de libération de la vapeur en position blocage. Sélectionner **Pressure Cook (High)/Cuisson sous pression (Élevée)**, puis régler le temps de cuisson à **30 minutes**.
5. Une fois le temps de cuisson complété, laisser la pression se libérer naturellement 10 minutes, puis évacuer rapidement la pression résiduelle.
6. Ouvrir le couvercle, puis parsemer le dessus de la frittata du Monterey Jack. Remettre le couvercle et laisser la chaleur résiduelle fondre le fromage 5 minutes.
7. Ouvrir le couvercle et saisir prudemment les poignées de l'étuveuse pour sortir étuveuse et plat du récipient. Transférer la frittata dans une assiette de service, couper en 6 pointes égales, puis garnir chacune de tranches d'avocat. Servir chaud.

Conseil *Pour une recette sans lait, remplacez la crème par 60 ml (¼ tasse) de boisson d'amandes non sucrée et le Monterey Jack par 125 ml (½ tasse) de fromage d'amandes, râpé.*

Valeur nutritive par portion
CALORIES : 170 **LIPIDES :** 13 g **GLUCIDES NETS :** 2 g **PROTÉINES :** 10 g

LATTÉ ÉPICÉ À LA CITROUILLE

PORTIONS : 2
PAR PERSONNE : 1 LATTÉ

PRÉPARATION : 2 MINUTES
TEMPS SOUS PRESSION : 4 MINUTES
TOTAL : 11 MINUTES

RÉGLAGE : PRESSURE COOK (CUISSON SOUS PRESSION)
LIBÉRATION : NATURAL/QUICK (NATURELLE/RAPIDE)

400 ml (1⅔ tasse) de boisson d'amandes, non aromatisée et non sucrée

125 ml (½ tasse) de café espresso ou fort

60 ml (¼ tasse) de purée de citrouille, non sucrée

3 ml (½ c. à t.) d'extrait de stévia

5 ml (1 c. à t.) d'épices pour tarte à la citrouille

5 ml (1 c. à t.) d'extrait de vanille

60 ml (¼ tasse) de crème 35 % de matières grasses

Ce latté à la citrouille sucré et crémeux contient de chaudes épices automnales et est garnie de crème fouettée légère et moelleuse. Agréable par un matin froid, cette gâterie réconfortante est à faible teneur en glucides.

1. Combiner la boisson d'amandes, le café et la purée de citrouille dans le récipient intérieur de l'autocuiseur.
2. Couvrir, verrouiller le couvercle, puis placer la valve de libération de la vapeur en position blocage. Sélectionner **Pressure Cook (High)/Cuisson sous pression (Élevée)**, puis régler le temps de cuisson à **4 minutes**.
3. Une fois le temps de cuisson complété, laisser la pression se libérer naturellement 5 minutes, puis évacuer rapidement la pression résiduelle.
4. Ouvrir le couvercle, puis ajouter le stévia, les épices pour tarte à la citrouille et l'extrait de vanille. Fouetter jusqu'à ce que le tout soit homogène.
5. Verser la crème dans un grand contenant et, à l'aide d'un batteur à main, fouetter jusqu'à ce qu'elle forme des pics fermes.
6. Mettre un fin tamis sur 2 grandes tasses et remplir chacune de 310 ml (1 ¼ tasse) de latté. Garnir de 30 ml (2 c. à s.) de crème fouettée. Servir chaud.

Conseil *Pour une recette sans lait, remplacez la crème par 60 ml (¼ tasse) de crème de coco.*

Si vous n'avez pas d'épices pour tarte à la citrouille, préparez votre propre mélange en combinant 3 ml (½ c. à t.) de cannelle, 1 ml (¼ c. à t.) de gingembre moulu et 1 ml (¼ c. à t.) de muscade moulue.

Valeur nutritive par portion
CALORIES : 146 **LIPIDES :** 14 g **GLUCIDES NETS :** 3 g **PROTÉINES :** 2 g

ŒUFS EN PURGATOIRE *à l'italienne*

PORTIONS : 4
PAR PERSONNE : 1 ŒUF ET 80 ML (⅓ TASSE) DE SAUCE À LA VIANDE

PRÉPARATION : 6 MINUTES
TEMPS SOUS PRESSION : 0
TOTAL : 20 MINUTES

RÉGLAGE : SAUTÉ/PRESSURE COOK (SAUTÉ/CUISSON SOUS PRESSION)
LIBÉRATION : QUICK (RAPIDE)

Ces délicieux œufs sont pour le moins savoureux. Très protéinés, ils sont nappés de sauce à la viande appétissante. En Italie, dit que ce plat épicé et copieux est un traitement pour lendemain de veille !

- 15 ml (1 c. à s.) d'huile d'olive
- 150 g (⅓ lb) de bœuf haché
- 60 ml (¼ tasse) d'oignon, émincé
- 2 gousses d'ail, émincées
- 45 ml (3 c. à s.) de poivron rouge, en dés
- 375 ml (1½ tasse) de sauce tomate
- 80 ml (⅓ tasse) d'eau
- 8 ml (½ c. à s.) d'assaisonnement italien
- 3 ml (½ c. à t.) de poudre d'ail
- 3 ml (½ c. à t.) de sel de mer, moulu finement
- 1 ml (¼ c. à t.) de poivre noir moulu
- 4 gros œufs
- 80 ml (⅓ tasse) de mozzarella de lait entier, râpée
- 15 ml (1 c. à s.) de persil plat, haché

1. Sélectionner **Sauté (Normal)**. Une fois le récipient chaud, ajouter l'huile d'olive et le bœuf haché. En utilisant une cuillère en bois pour défaire la viande, sauter 4 minutes ou jusqu'à ce que la viande soit dorée.
2. Ajouter l'oignon, l'ail et le poivron. Sauter 2 à 3 minutes de plus ou jusqu'à ce que les légumes soient attendris.
3. Ajouter la sauce tomate, l'eau, l'assaisonnement italien, la poudre d'ail, le sel de mer et le poivre. Brasser pour combiner, puis appuyer sur **Cancel (Annuler)** pour éteindre l'appareil. Laisser refroidir le mélange 4 minutes dans le récipient.
4. En les espaçant également sur la sauce à la viande et en gardant les jaunes intacts, casser minutieusement les œufs dans le récipient.
5. Couvrir, verrouiller le couvercle, puis placer la valve de libération de la vapeur en position blocage. Sélectionner **Pressure Cook (Low)/Cuisson sous pression (Basse)**, puis régler le temps de cuisson à **0 minute**. Les œufs cuiront durant la phase de montée en pression du réglage de la cuisson.
6. Une fois le temps de montée en pression complété, libérer rapidement la pression.
7. Ouvrir le couvercle, puis parsemer le dessus de mozzarella et de persil. Diviser en 4 portions égales et servir chaud.

Conseil *Pour une recette sans lait, n'utilisez pas de mozzarella.*

Valeur nutritive par portion
CALORIES : 237 **LIPIDES :** 14 g **GLUCIDES NETS :** 7 g **PROTÉINES :** 31 g

QUICHE SAVOUREUSE À LA SAUCISSE ET CRÈME SURE

Cette quiche savoureuse et légère, riche en piments et saucisses fumées, est garnie d'une couche de crème sure, salsa et fromage fondu. Elle est sans croûte, à très faible teneur en glucides, mais gorgée de saveurs.

PORTIONS : 8
PAR PERSONNE : 1 POINTE

PRÉPARATION : 6 MINUTES
TEMPS SOUS PRESSION : 32 MINUTES
TOTAL : 1 HEURE

RÉGLAGE : PRESSURE COOK (CUISSON SOUS PRESSION)
LIBÉRATION : NATURAL/QUICK (NATURELLE/RAPIDE)

4 saucisses de porc en chapelet de 7,5 cm (3 po), bien cuites et hachées

6 gros œufs

125 ml (½ tasse) de blancs d'œufs liquides, purs à 100 %

68 ml (4½ c. à s.) de salsa douce (verte ou rouge), divisée

45 ml (3 c. à s.) de crème 35 % de matières grasses

45 ml (3 c. à s.) de piments verts doux, en conserve

3 ml (½ c. à t.) de sel de mer, moulu finement

1 ml (¼ c. à t.) de poivre noir moulu

60 ml (¼ tasse) de crème sure complète

125 ml (½ tasse) de cheddar, râpé

1. Vaporiser un plat à soufflé de 1 l (4 tasses) et de 15,25 x 7,5 cm (6 x 3 po) d'enduit antiadhésif à l'huile de noix de coco. Disposer les saucisses en une seule couche au fond du plat. Mettre en attente.
2. Dans un grand bol, combiner œufs, blancs d'œufs, 45 ml (3 c. à s.) de salsa, crème, piments verts, sel de mer et poivre noir. Fouetter vigoureusement.
3. Verser le mélange d'œufs sur les saucisses. Mettre en attente.
4. Préparer la garniture à la crème sure en combinant crème sure et reste de salsa dans un petit bol. Brasser jusqu'à ce que le mélange soit homogène.
5. En travaillant avec de petites quantités, déposer uniformément la crème sure sur le dessus du mélange d'œufs. La crème sure descendra au fond durant la cuisson pour revenir ensuite sur le dessus. Couvrir hermétiquement le plat à soufflé d'une feuille de papier d'aluminium.
6. Verser 375 ml (1½ tasse) d'eau au fond du récipient intérieur de l'autocuiseur. Mettre le plat à soufflé sur l'étuveuse, puis saisir les poignées de l'étuveuse pour glisser le tout avec précaution dans le récipient.
7. Couvrir, verrouiller le couvercle, puis placer la valve de libération de la vapeur en position blocage. Sélectionner **Pressure Cook (High)/Cuisson sous pression (Élevée)**, puis régler le temps de cuisson à **32 minutes**.
8. Une fois le temps de cuisson complété, laisser la pression se libérer naturellement 12 minutes, puis évacuer rapidement la pression résiduelle.
9. Ouvrir le couvercle, puis enlever prudemment le papier d'aluminium du plat. Parsemer le dessus de la quiche de cheddar, remettre le couvercle et attendre 3 minutes pour que la chaleur résiduelle fasse fondre le cheddar.
10. Ouvrir le couvercle, saisir les poignées de l'étuveuse et sortir prudemment étuveuse et plat du récipient.
11. Laisser refroidir la quiche 8 à 10 minutes avant de transférer dans une assiette de service et couper en 8 pointes égales. Servir chaud.

Conseil *Les blancs d'œufs liquides purs à 100 % se vendent en carton. On les trouve dans la section des œufs à l'épicerie. Si vous ne pouvez vous en procurer, remplacez-les par 4 gros blancs d'œufs.*

Valeur nutritive par portion
CALORIES : 238 **LIPIDES :** 19 g **GLUCIDES NETS :** 3 g **PROTÉINES :** 13 g

ŒUFS À L'ÉCOSSAISE

Nourrissants et savoureux, ces œufs, à très faible teneur en glucides, sont riches en gras sains. Gourmandise à déjeuner goûteuse et copieuse, ces œufs apaiseront votre faim et aideront à vous sentir rassasié toute la matinée.

PORTIONS : 4
PAR PERSONNE : 1 ŒUF

PRÉPARATION : 10 MINUTES
TEMPS SOUS PRESSION : 16 MINUTES
TOTAL : 36 MINUTES

RÉGLAGE : PRESSURE COOK/SAUTÉ (CUISSON SOUS PRESSION/SAUTÉ)
LIBÉRATION : NATURAL/QUICK (NATURELLE/RAPIDE)

4 œufs

450 g (1 lb) de chair à saucisse de porc à l'italienne piquante, façonnée en 4 galettes égales

23 ml (1½ c. à s.) d'huile d'olive

1 Remplir un grand bol à la moitié d'eau glacée. Mettre en attente.

2 Mettre l'étuveuse dans le récipient intérieur de l'autocuiseur, puis ajouter 250 ml (1 tasse) d'eau au fond du récipient. Déposer les œufs sur l'étuveuse.

3 Couvrir, verrouiller le couvercle, puis placer la valve de libération de la vapeur en position blocage. Sélectionner **Pressure Cook (High)/Cuisson sous pression (Élevée)**, puis régler le temps de cuisson à **6 minutes**.

4 Une fois le temps de cuisson complété, laisser la pression se libérer naturellement 5 minutes, puis évacuer rapidement la pression résiduelle.

5 Ouvrir le couvercle prudemment, transférer les œufs dans le bain d'eau glacée et laisser refroidir 5 minutes. Dès qu'il est possible de les manipuler, écaler, puis transférer dans une assiette. Mettre en attente.

6 Retirer l'étuveuse du récipient intérieur. Retirer prudemment le récipient intérieur de la base, égoutter, puis remettre sur la base.

7 Mettre les galettes de chair à saucisse sur une surface plane, puis déposer 1 œuf dans le centre de chacune. Envelopper soigneusement l'œuf en façonnant la chair jusqu'à couvrir complètement l'œuf.

8 Sélectionner **Sauté (Normal)**. Une fois le récipient chaud, ajouter l'huile d'olive. Déposer délicatement les œufs dans le récipient et dorer sur tous les côtés 6 minutes, en utilisant une pince pour les tourner. Une fois dorés, transférer dans une grande assiette. Presser sur **Cancel (Annuler)** pour éteindre l'appareil.

9 Mettre l'étuveuse dans le récipient, puis ajouter 250 ml (1 tasse) d'eau au fond du récipient intérieur. Déposer délicatement les galettes sur l'étuveuse.

10 Couvrir, verrouiller le couvercle, puis placer la valve de libération de la vapeur en position blocage. Sélectionner **Pressure Cook (High)/Cuisson sous pression (Élevée)**, puis régler le temps de cuisson à **10 minutes**.

11 Une fois le temps de cuisson complété, libérer rapidement la pression et ouvrir le couvercle.

12 Avec une pince, transférer prudemment les œufs à l'écossaise dans une assiette de service. Servir chaud.

Conseil *Vous pouvez aussi utiliser des variétés de chair à saucisses de porc sans gluten, douces ou piquantes.*

Valeur nutritive par portion
CALORIES : 456 **LIPIDES :** 36 g **GLUCIDES NETS :** 2 g **PROTÉINES :** 25 g

HACHIS DE COURGETTES ET BACON *avec œufs*

PORTIONS : 2
PAR PERSONNE : 1 RAMEQUIN

PRÉPARATION : 5 MINUTES
TEMPS SOUS PRESSION : 2 MINUTES
TOTAL : 20 MINUTES

RÉGLAGE : SAUTÉ/PRESSURE COOK (SAUTÉ/CUISSON SOUS PRESSION)
LIBÉRATION : NATURAL/QUICK (NATURELLE/RAPIDE)

Savoureux et fumé, ce hachis cétogène contient des œufs, du bacon croustillant et du cheddar coulant. Pour aider à maintenir la faible teneur en glucides, il est préparé avec des courgettes plutôt que des pommes de terre.

30 ml (2 c. à s.) de beurre, divisé

150 ml (⅔ tasse) de courgettes, râpées

2 tranches de bacon cuit, haché

60 ml (¼ tasse) de cheddar, râpé

2 gros œufs

1 ml (¼ c. à t.) de sel de mer, moulu finement

1 ml (¼ c. à t.) de poivre noir moulu

1 Sélectionner **Sauté (Normal)** et ajouter 15 ml (1 c. à s.) de beurre dans le récipient intérieur de l'autocuiseur. Une fois le beurre fondu, ajouter les courgettes et sauter 3 minutes, ou jusqu'à ce qu'elles soient tendres et commencent à dorer. Presser **Cancel (Annuler)** pour éteindre l'appareil.

2 Transférer les courgettes dans un bol moyen, puis ajouter le bacon et le cheddar. Brasser pour combiner. Mettre en attente.

3 Retirer le récipient intérieur de la base, rincer, assécher, puis remettre sur la base. Mettre l'étuveuse dans le récipient, puis ajouter 375 ml (1½ tasse) d'eau au fond du récipient.

4 Enduire 2 ramequins de 85 g (3 oz) de beurre. Répartir également le mélange aux courgettes dans les ramequins.

5 Casser un œuf dans chaque ramequin en évitant de briser les jaunes. Mettre les ramequins sur l'étuveuse.

6 Couvrir, verrouiller le couvercle, puis placer la valve de libération de la vapeur en position blocage. Sélectionner **Pressure Cook (High)/Cuisson sous pression (Élevée)**, puis régler le temps de cuisson à **2 minutes**.

7 Une fois le temps de cuisson complété, laisser la pression se libérer naturellement 10 minutes, puis évacuer rapidement la pression résiduelle.

8 Ouvrir le couvercle, saisir prudemment les poignées de l'étuveuse et sortir étuveuse et ramequins du récipient.

9 Saler et poivrer chaque portion. Servir chaud

Conseil *Utilisez des ramequins pouvant aller au four de 7,5 cm (3 po), mais pas plus de 10 cm (4 po) de diamètre.*

Valeur nutritive par portion
CALORIES : 295 **LIPIDES :** 23 g **GLUCIDES NETS :** 4 g **PROTÉINES :** 14 g

ŒUFS À LA VAPEUR EN COCOTTE
avec fromage et ciboulette

Ces œufs à la française délicieux et délicats offrent un subtil mélange de saveurs. Faciles et rapides à préparer, ils n'affichent qu'une très faible teneur en glucides et ne comptent qu'un glucide net par portion.

PORTIONS : 4
PAR PERSONNE : 1 RAMEQUIN

PRÉPARATION : 1 MINUTE
TEMPS SOUS PRESSION : 2 MINUTES
TOTAL : 3 MINUTES

RÉGLAGE : PRESSURE COOK (CUISSON SOUS PRESSION)
LIBÉRATION : QUICK (RAPIDE)

30 ml (2 c. à s.) de beurre

30 ml (2 c. à s.) de crème 35 % de matières grasses

4 gros œufs

15 ml (1 c. à s.) de ciboulette, hachée

30 ml (2 c. à s.) de féta, émiettée

1 ml (¼ c. à t.) de sel de mer, moulu finement

0,5 ml (⅛ c. à t.) de poivre noir moulu

1. Enduire de beurre 4 ramequins de 10 cm (4 po).
2. Verser dans chacun 8 ml (½ c. à s.) de crème. Casser délicatement 1 œuf dans chaque ramequin, puis parsemer l'œuf de ciboulette.
3. Mettre l'étuveuse dans le récipient intérieur de l'autocuiseur, puis ajouter 250 ml (1 tasse) d'eau au fond du récipient. Placer les ramequins sur l'étuveuse.
4. Couvrir, verrouiller le couvercle, puis placer la valve de libération de la vapeur en position blocage. Sélectionner **Pressure Cook (Low)/Cuisson sous pression (Basse)**, puis régler le temps de cuisson à **2 minutes**.
5. Une fois le temps de cuisson complété, évacuer rapidement la pression.
6. Ouvrir le couvercle, saisir prudemment les poignées de l'étuveuse et sortir étuveuse et ramequins du récipient.
7. Parsemer une égale quantité de féta sur le dessus de chaque ramequin, puis saler et poivrer. Servir chaud.

Conseil *Utilisez des ramequins allant au four de 7,5 cm (3 po), mais pas plus de 10 cm (4 po) de diamètre.*

Valeur nutritive par portion
CALORIES : 160 **LIPIDES :** 14 g **GLUCIDES NETS :** 1 g **PROTÉINES :** 7 g

DÎNERS SOUPERS, SOUPES ET RAGOÛTS

PORTIONS : 4
PAR PERSONNE : 150 ML (⅔ TASSE) DE CREVETTES EN SAUCE ET 250 ML (1 TASSE) DE RIZ DE CHOU-FLEUR

PRÉPARATION : 6 MINUTES
TEMPS SOUS PRESSION : 2 MINUTES
TOTAL : 13 MINUTES

RÉGLAGE : PRESSURE COOK/SAUTÉ/MEAT/STEW (CUISSON SOUS PRESSION /SAUTÉ/VIANDE/RAGOÛT)
LIBÉRATION : NATURAL/QUICK (NATURELLE/RAPIDE)

CREVETTES SCAMPI À L'AIL
avec riz de chou-fleur

Ces crevettes au beurre, servies avec un riz de chou-fleur à faible teneur en glucides, sont rehaussées d'ail odorant et de notes de citron et de vin blanc. C'est une version cétogène d'un mets classique facile à préparer.

- 1 chou-fleur moyen, paré, tige enlevée et en fleurons moyens
- 30 ml (2 c. à s.) d'huile d'olive
- 45 ml (3 c. à s.) de beurre
- 5 gousses d'ail, émincées
- 80 ml (⅓ tasse) de vin blanc ou de vin de cuisine
- 250 ml (1 tasse) de bouillon de poulet
- 1 kg (2 lb) de crevettes non cuites, décortiquées et déveinées
- 23 ml (1½ c. à s.) de jus de citron frais
- 5 ml (1 c. à t.) de sel de mer, moulu finement
- 3 ml (½ c. à t.) de poivre noir moulu
- 15 ml (1 c à soupe) de persil frais, haché

1. Mettre une marguerite sur pattes dans le récipient intérieur de l'autocuiseur, puis ajouter 250 ml (1 tasse) d'eau au fond du récipient. Transférer le chou-fleur dans la marguerite.
2. Couvrir, verrouiller le couvercle et placer la valve de libération de la vapeur en position blocage. Sélectionner **Pressure Cook (High)/Cuisson sous pression (Élevée)**, puis régler le temps de cuisson à **1 minute**.
3. Une fois le temps de cuisson complété, évacuer rapidement la pression.
4. Ouvrir le couvercle et sortir prudemment marguerite et chou-fleur du récipient. Mettre en attente.
5. Retirer prudemment le récipient intérieur de la base, égoutter, assécher avec de l'essuie-tout et remettre sur la base.
6. Transférer les fleurons de chou-fleur dans un robot culinaire ou un mélangeur et réduire jusqu'à l'obtention d'une texture semblable à du riz. Mettre en attente.
7. Sélectionner **Sauté (Normal)**. Ajouter l'huile d'olive et le beurre dans le récipient intérieur de l'autocuiseur. Une fois le beurre fondu, ajouter l'ail et sauter 3 minutes ou jusqu'à ce qu'il soit parfumé.
8. En utilisant une cuillère en bois pour brasser les ingrédients et détacher toute particule dorée au fond du récipient, ajouter le vin et le bouillon de poulet. Laisser mijoter 2 minutes. Appuyer sur **Cancel (Annuler)** pour éteindre l'appareil. Ajouter les crevettes et brasser.
9. Couvrir, verrouiller le couvercle et placer la valve de libération de la vapeur en position blocage. Sélectionner **Meat/Stew (High)/Viande/Ragoût (Élevée)**, puis régler le temps de cuisson à **1 minute**.
10. Une fois le temps de cuisson complété, laisser la pression se libérer naturellement 5 minutes, puis évacuer rapidement la pression résiduelle.
11. Ouvrir le couvercle. Ajouter le jus de citron, le sel de mer et le poivre noir.
12. Transférer le chou-fleur dans une assiette de service. Avec une louche, mettre crevettes et sauce sur le riz, puis garnir de persil. Servir chaud.

Conseil *Si vous n'avez pas de marguerite sur pattes, vous pouvez placer un bol allant au four sur l'étuveuse.*

Valeur nutritive par portion
CALORIES : 361 **LIPIDES :** 18 g **GLUCIDES NETS :** 7 g **PROTÉINES :** 32 g

PORTIONS : 4
PAR PERSONNE : 1 POIVRON

PRÉPARATION : 5 MINUTES
TEMPS SOUS PRESSION : 15 MINUTES
TOTAL : 50 MINUTES

RÉGLAGE : PRESSURE COOK/STAY WARM (CUISSON SOUS PRESSION/GARDER AU CHAUD)
LIBÉRATION : NATURAL/QUICK (NATURELLE/RAPIDE)

POIVRONS FARCIS À L'ITALIENNE

Ces poivrons chauds et fumés sont farcis de viande savoureuse, d'épices et d'une riche sauce marinara avant d'être garnis de fromage fondant. Ce plat à l'italienne nourrissant se prépare en un rien de temps avec l'autocuiseur.

- 4 poivrons moyens, dessus et pépins enlevés
- 450 g (1 lb) de chair à saucisses de porc
- 1 gros œuf
- 2 gousses d'ail, émincées
- 45 ml (3 c. à s.) de concentré de tomates
- 3 ml (½ c. à t.) de sel de mer, moulu finement
- 1 ml (¼ c. à t.) de poivre noir moulu
- 8 ml (½ c. à s.) d'assaisonnement italien
- 3 ml (½ c. à t.) de poudre d'oignon
- 80 ml (⅓ tasse) de sauce tomate, sans sucre ajouté
- 4 tranches de mozzarella

1. Avec une fourchette, percer de petits trous au fond des poivrons pour permettre à l'excès de gras de s'écouler. Mettre en attente.
2. Dans un grand bol, mêler chair à saucisses, œuf, ail, concentré de tomates, sel de mer, poivre noir, assaisonnement italien et poudre d'oignon. Bien mêler pour obtenir un mélange homogène.
3. Farcir les poivrons, presque jusqu'au bord, du mélange.
4. Mettre l'étuveuse dans le récipient intérieur de l'autocuiseur et ajouter 250 ml (1 tasse) d'eau. Déposer les poivrons farcis, fond dessous, sur l'étuveuse. Couvrir le dessus de chacun de sauce tomate.
5. Couvrir, verrouiller le couvercle et placer la valve de libération de la vapeur en position blocage. Sélectionner **Pressure Cook (High)/Cuisson sous pression (Élevée)**, puis régler le temps de cuisson à **15 minutes**.
6. Une fois le temps de cuisson complété, laisser la pression se libérer naturellement 5 minutes, puis évacuer rapidement la pression résiduelle.
7. Ouvrir le couvercle et garnir le dessus de chaque poivron d'une tranche de mozzarella. Couvrir, sélectionner **Stay Warm/Garder au chaud** et régler le temps de cuisson à **2 minutes** pour fondre le fromage.
8. Ouvrir le couvercle et, avec une pince, transférer avec précaution les poivrons dans une grande assiette de service. Servir chaud.

Conseil *Pour une recette sans lait, remplacez les tranches de mozzarella par 4 tranches de fromage d'amandes ou omettez simplement le fromage.*

Valeur nutritive par portion
CALORIES : 369 **LIPIDES :** 22 g **GLUCIDES NETS :** 8 g **PROTÉINES :** 17 g

BŒUF SALÉ ET CHOU

Ce plat irlandais traditionnel est virtuellement sans glucides et facile à préparer avec l'autocuiseur. Il contient un savoureux morceau de poitrine de bœuf salé et épicé, servi avec du chou et des légumes tendres.

PORTIONS : 8
PAR PERSONNE : 150 G (⅓ LB) DE POITRINE DE BŒUF ET 80 ML (⅓ TASSE) DE CHOU

PRÉPARATION : 5 MINUTES
TEMPS SOUS PRESSION : 62 MINUTES
TOTAL : 1 HEURE 45 MINUTES

RÉGLAGE : MEAT/STEW/SOUP (VIANDE/RAGOÛT/SOUPE)
LIBÉRATION : NATURAL/QUICK (NATURELLE/RAPIDE)

1,36 g (3 lb) de poitrine de bœuf salé
3 gousses d'ail, émincées
10 ml (2 c. à t.) de graines de moutarde jaune
10 ml (2 c. à t.) de grains de poivre noir
½ gros oignon blanc, haché
3 branches de céleri, hachées
1 chou vert, en quartiers

1. Transférer la poitrine de bœuf dans le récipient de l'autocuiseur. Ajouter 1 l (4 tasses) d'eau, ou juste assez pour couvrir le morceau de viande. Ajouter l'ail, les graines de moutarde et les grains de poivre noir.
2. Couvrir, verrouiller le couvercle et placer la valve de libération de la vapeur en position blocage. Sélectionner **Meat/Stew (High)/ Viande/Ragoût (Élevée)**, puis régler le temps de cuisson à **50 minutes**.
3. Pendant ce temps, préchauffer le four à 77 °C (170 °F). Mettre une grande assiette de service dans le four 8 minutes pour la réchauffer.
4. Une fois le temps de cuisson complété, laisser la pression se libérer naturellement 20 minutes environ. Ouvrir le couvercle, puis transférer la poitrine de bœuf dans l'assiette chaude.
5. Ajouter l'oignon, le céleri et le chou dans le récipient.
6. Couvrir, verrouiller le couvercle et placer la valve de libération de la vapeur en position blocage. Sélectionner **Soup (High)/ Soupe (Élevée)**, puis régler le temps de cuisson à **12 minutes**.
7. Une fois le temps de cuisson complété, évacuer rapidement la pression. Ouvrir le couvercle, remettre la poitrine de bœuf dans le récipient et laisser réchauffer 5 minutes.
8. Remettre la poitrine chaude dans l'assiette de service et trancher finement. Avec une cuillère à égoutter, transférer les légumes dans l'assiette. Servir chaud.

Valeur nutritive par portion
CALORIES : 332 **LIPIDES :** 21 g **GLUCIDES NETS :** 0 g **PROTÉINES :** 23 g

CASSEROLE DE POULET ET LÉGUMES À LA GRECQUE

Dans ce plat classique et coloré d'inspiration méditerranéenne, poulet et légumes succulents sont cuits dans une sauce alléchante où saveurs et arômes piquants évoquent la cuisine grecque.

PORTIONS : 4
PAR PERSONNE : 1 CUISSE DE POULET ET 125 ML (½ TASSE) DE LÉGUMES EN SAUCE

PRÉPARATION : 5 MINUTES
TEMPS SOUS PRESSION : 13 MINUTES
TOTAL : 32 MINUTES

RÉGLAGE : SAUTÉ/PRESSURE COOK (SAUTÉ/CUISSON SOUS PRESSION)
LIBÉRATION : NATURAL/QUICK (NATURELLE/RAPIDE)

- 500 ml (2 tasses) de bouillon de poulet
- 23 ml (1½ c. à s.) de jus de citron
- 30 ml (2 c. à s.) de vinaigre de vin rouge
- 5 ml (1 c. à t.) de thym séché
- 3 ml (½ c. à t.) d'origan séché
- 30 ml (2 c. à s.) d'huile d'olive
- 3 gousses d'ail, émincées
- 680 g (1½ lb) de cuisses de poulet, avec os et peau
- 3 ml (½ c. à t.) de sel de mer, moulu finement
- 1 ml (¼ c. à t.) de poivre noir moulu
- 330 ml (1⅓ tasse) de quartiers d'artichauts en conserve, égouttés
- 250 ml (1 tasse) d'olives vertes, dénoyautées
- 80 ml (⅓ tasse) de tomates, en dés
- 60 ml (¼ tasse) de pancetta, en dés
- 80 ml (⅓ tasse) de féta, émiettée

1. Dans un bol moyen, combiner le bouillon de poulet, le jus de citron, le vinaigre, le thym et l'origan. Bien mêler et mettre en attente.
2. Sélectionner **Sauté (Normal)**. Une fois le récipient chaud, ajouter l'huile d'olive et l'ail. Sauter 1 minute.
3. Saler et poivrer les deux côtés des cuisses de poulet. Transférer dans le récipient et sauter 2 minutes de chaque côté, ou jusqu'à ce qu'elles soient dorées.
4. Couvrir les cuisses de poulet d'artichauts, d'olives et de tomates en dés. Parsemer des dés de pancetta, puis ajouter le mélange de bouillon de poulet.
5. Couvrir, verrouiller le couvercle et placer la valve de libération de la vapeur en position blocage. Sélectionner **Pressure Cook (High)/Cuisson sous pression (Élevée)**, et cuire **13 minutes**.
6. Une fois le temps de cuisson complété, laisser la pression se libérer naturellement 10 minutes, puis évacuer rapidement la pression résiduelle.
7. Ouvrir le couvercle et transférer le poulet dans une assiette de service. Parsemer de féta et servir chaud.

Conseil *Si vous utilisez des cuisses de poulet sans peau ni os, réduisez le temps de cuisson à 8 minutes.*

Pour une recette sans lait, n'utilisez pas de féta.

Valeur nutritive par portion
CALORIES : 420 **LIPIDES :** 23 g **GLUCIDES NETS :** 8 g **PROTÉINES :** 39 g

TARTE « HAMBURGER AU FROMAGE »

PORTIONS : 6
PAR PERSONNE : 1 POINTE

PRÉPARATION : 6 MINUTES
TEMPS SOUS PRESSION : 20 MINUTES
TOTAL : 38 MINUTES

RÉGLAGE : SAUTÉ/PRESSURE COOK (SAUTÉ/CUISSON SOUS PRESSION)
LIBÉRATION : NATURAL/QUICK (NATURELLE/RAPIDE)

Consistante et rassasiante, cette tarte cétogène substantielle offre beaucoup de goût, mais peu de glucides. Tarte sans croûte délicieuse, elle doit son appellation cétogène à l'utilisation de farine de lin riche en fibres au lieu de chapelure de pain.

- 15 ml (1 c. à s.) d'huile d'olive
- 450 g (1 lb) de bœuf haché
- 125 ml (½ tasse) de sauce tomate, sans sucre ajouté
- 1 gousse d'ail, émincée
- 30 ml (2 c. à s.) de farine de lin doré
- 3 œufs, (1 battu)
- 3 ml (½ c. à t.) d'assaisonnement italien
- 3 ml (½ c. à t.) de sel de mer, moulu finement
- 3 ml (½ c. à t.) de paprika fumé
- 3 ml (½ c. à t.) de poudre d'oignon
- 30 ml (2 c. à s.) de crème 35 % de matières grasses
- 3 ml (½ c. à t.) de moutarde en poudre
- 1 ml (¼ c. à t.) de poivre noir moulu
- 125 ml (½ tasse) de cheddar, râpé

1. Enduire un moule à gâteau rond de 15,25 x 7,5 cm (6 x 3 po) d'huile d'olive.
2. Sélectionner **Sauté (Normal)**. Une fois le récipient chaud, ajouter le bœuf haché et sauter 5 minutes, ou jusqu'à ce qu'il soit doré. Appuyer sur **Cancel (Annuler)** pour éteindre l'appareil.
3. Retirer prudemment le récipient intérieur de la base, égoutter l'excès de gras, puis transférer le bœuf dans un grand bol.
4. Ajouter sauce tomate, ail, farine de lin, œuf battu, assaisonnement italien, sel de mer, paprika fumé et poudre d'oignon dans le bol. Brasser pour bien combiner.
5. Transférer le mélange dans le moule à gâteau préparé et, avec un couteau, étendre uniformément. Mettre en attente.
6. Dans un bol moyen, combiner le reste d'œufs (2), la crème, la moutarde et le poivre noir. Fouetter jusqu'à ce que le tout soit bien combiné.
7. Verser sur le mélange de viande, puis couvrir hermétiquement le moule d'une feuille de papier d'aluminium.
8. Mettre l'étuveuse dans le récipient intérieur de l'autocuiseur, puis ajouter 500 ml (2 tasses) d'eau au fond du récipient. Placer le moule sur l'étuveuse.
9. Couvrir, verrouiller le couvercle, puis placer la valve de libération de la vapeur en position blocage. Sélectionner **Pressure Cook (High)/Cuisson sous pression (Élevée)**, puis régler le temps de cuisson à **20 minutes**.
10. Une fois le temps de cuisson complété, laisser la pression se libérer naturellement 10 minutes, puis évacuer rapidement la pression résiduelle. Appuyer sur **Cancel (Annuler)** pour éteindre l'appareil et laisser la tarte reposer dans le récipient 5 minutes.
11. Pendant ce temps, préchauffer le gril du four à 230 °C (450 °F).
12. Ouvrir le couvercle, saisir les poignées de l'étuveuse et sortir prudemment étuveuse et moule du récipient. Retirer le papier d'aluminium et parsemer la tarte de cheddar.
13. Mettre la tarte dans le four et griller 1 à 2 minutes, ou jusqu'à ce que le fromage soit fondu et doré. Couper en 6 pointes égales avant de servir chaud.

Conseil *Pour une recette sans lait, remplacez la crème par 30 ml (2 c. à s.) de boisson d'amandes non aromatisée et non sucrée et le cheddar par 125 ml (½ tasse) de fromage d'amandes.*

Valeur nutritive par portion
CALORIES : 250 **LIPIDES :** 18 g **GLUCIDES NETS :** 2 g **PROTÉINES :** 22 g

ÇASSEROLE DE PIZZA À LA MIJOTEUSE

Cette casserole possède le goût divin de la pizza au pepperoni ! Sans croûte, elle déborde des saveurs satisfaisantes de la pizza dont vous aviez envie, mais sans tout l'excès de glucides !

PORTIONS : 6
PAR PERSONNE : 1 POINTE

PRÉPARATION : 10 MINUTES
CUISSON : 3 HEURES
TOTAL : 3 HEURES 20 MINUTES

RÉGLAGE :
SLOW COOK/ CUISSON LENTE
LIBÉRATION : AUCUNE

30 ml (2 c. à s.) d'huile d'olive
450 g (1 lb) de bœuf haché
500 ml (2 tasses) de mozzarella entière, râpée et divisée
15 ml (1 c. à s.) d'assaisonnement italien, divisé
5 ml (1 c. à t.) de poudre d'ail, divisée
125 ml (½ tasse) de sauce tomate, sans sucre ajouté
1 ml (¼ c. à t.) d'origan séché
1 ml (¼ c. à t.) de sel de mer, moulu finement
15 tranches de pepperoni
30 ml (2 c. à s.) d'olives noires, tranchées

1. Sélectionner **Sauté (Normal)**. Une fois le récipient chaud, ajouté 15 ml (1 c. à s.) d'huile d'olive et défaire le bœuf haché dans le récipient. Sauter 4 minutes, en brassant constamment, jusqu'à ce que la viande soit dorée. Appuyer sur **Cancel (Annuler)** pour éteindre l'appareil.
2. Mettre une passoire sur un grand bol. Transférer la viande dans la passoire pour égoutter le gras, puis mettre la viande égouttée dans un grand bol à mélanger. Remettre le récipient intérieur sur la base de l'autocuiseur.
3. Ajouter dans le bol de viande 250 ml (1 tasse) de mozzarella, 8 ml (½ c. à s.) d'assaisonnement italien et 3 ml (½ c. à t.) de poudre d'ail. Mélanger pour bien combiner. Mettre en attente.
4. Dans un petit bol, combiner la sauce tomate, les restes d'assaisonnement italien et de poudre d'ail, l'origan et le sel de mer. Bien mêler. Réserver.
5. Enduire le fond du récipient intérieur de l'autocuiseur du reste d'huile d'olive. Presser le mélange au bœuf haché en une couche uniforme au fond du récipient.
6. Ajouter le mélange à la sauce tomate en l'étalant uniformément avec une cuillère sur toute la surface de la viande. Distribuer uniformément le pepperoni sur la sauce. Parsemer du reste de mozzarella, puis des olives.
7. Couvrir, verrouiller le couvercle, mais laisser la valve de libération de la vapeur en position aération. Sélectionner **Slow Cook (Normal)/ Cuisson lente (Normal)**, puis régler le temps de cuisson à **3 heures**.
8. Une fois le temps de cuisson complété, ouvrir le couvercle et transférer la casserole de pizza dans une assiette de service. Couper en 6 pointes égales et servir chaud.

Conseil *Pour une recette sans lait, remplacez la mozzarella par 500 ml (2 tasses) de fromage d'amandes, râpé.*

Valeur nutritive par portion
CALORIES : 320 **LIPIDES :** 23 g **GLUCIDES NETS :** 3 g **PROTÉINES :** 25 g

BIFTECK DE HAMPE ÉPICÉ AU CHIMICHURRI

PORTIONS : 4
PAR PERSONNE : STEAK DE 115 G (¼ LB)

PRÉPARATION : 5 MINUTES
TEMPS SOUS PRESSION : 25 MINUTES
TOTAL : 45 MINUTES

RÉGLAGE : SAUTÉ/PRESSURE COOK (SAUTÉ/CUISSON SOUS PRESSION)
LIBÉRATION : NATURAL/QUICK (NATURELLE/RAPIDE)

Ce steak d'inspiration argentine tendre et juteux est servi avec une sauce citronnée agréablement piquante. À faible teneur en glucides et débordant de saveurs, il est aussi sans gluten, sans lait et en accord avec le régime paléo.

- 80 ml (⅓ tasse) de persil plat, haché
- 3 grosses gousses d'ail, émincées
- 3 ml (½ c. à t.) d'origan, séché
- 1 ml (¼ c. à t.) de piment rouge, broyé
- 5 ml (1 c. à t.) de sel de mer, moulu finement, divisé
- 5 ml (1 c. à t.) de poivre noir moulu, divisé
- 40 ml (2½ c. à s.) de vinaigre de vin rouge
- 5 ml (1 c. à t.) de jus de citron
- 125 ml (½ tasse) d'huile d'olive vierge extra
- 15 ml (1 c. à s.) d'huile d'avocat
- 450 g (1 lb) de bifteck de hampe, paré et en 4 morceaux égaux

1. Préparer la sauce chimichurri dans un mélangeur ou un robot culinaire en utilisant la fonction Pulse pour hacher finement le persil. Ajouter ail, origan, piment rouge broyé, 3 ml (½ c. à t.) de sel de mer, 3 ml (½ c. à t.) de poivre noir, vinaigre de vin et jus de citron. Ajouter l'huile d'olive et pulser jusqu'à ce que le mélange soit bien combiné. Mettre en attente.
2. Assaisonner les deux côtés du steak avec les restes de sel et de poivre.
3. Sélectionner **Sauté (Normal)**. Une fois le récipient intérieur chaud, ajouter l'huile d'avocat et chauffer 1 minute. Ajouter les steaks, deux à la fois, et sauter 1 à 2 minutes par côté ou jusqu'à ce que les deux côtés soient dorés. Transférer dans une assiette et répéter avec le reste de steaks.
4. Couper deux feuilles de papier d'aluminium de 63,5 cm (25 po). Placer une feuille sur une surface plane, mettre 2 steaks au centre de la feuille, puis verser la moitié de la sauce chimichurri sur les steaks. Déposer les autres steaks sur le dessus, puis arroser du reste de sauce.
5. Mettre la deuxième feuille de papier d'aluminium sur les steaks, puis fermer hermétiquement en roulant bien les bords pour obtenir un sachet de papier d'aluminium. S'assurer que le tout est assez compact pour entrer dans le récipient.
6. Mettre l'étuveuse dans le récipient de l'autocuiseur, puis ajouter 250 ml (1 tasse) d'eau au fond du récipient. Placer le sachet de steaks sur l'étuveuse.
7. Couvrir, verrouiller le couvercle, puis placer la valve de libération de la vapeur en position blocage. Sélectionner **Pressure Cook (High)/Cuisson sous pression (Élevée)**, puis régler le temps de cuisson à **25 minutes**.
8. Une fois le temps de cuisson complété, laisser la pression se libérer naturellement 6 minutes, puis évacuer rapidement la pression résiduelle.
9. Ouvrir le couvercle, saisir prudemment les poignées de l'étuveuse et sortir étuveuse et steaks du récipient. Laisser reposer 2 minutes.
10. Ouvrir le sachet et transférer les steaks sur une planche à découper. Trancher finement et disposer dans une assiette de service. Servir chaud.

Conseil *Au lieu de fabriquer un sachet, vous pourriez utiliser un plat à soufflé de 15,25 cm (6 po) couvert de papier d'aluminium.*

Valeur nutritive par portion
CALORIES : 445 **LIPIDES :** 30 g **GLUCIDES NETS :** 2 g **PROTÉINES :** 30 g

PORTIONS : 6
PAR PERSONNE :
225 G (½ LB) DE RÔTI
ET 60 ML (¼ TASSE) DE BOUILLON

PRÉPARATION : 6 MINUTES
TEMPS SOUS PRESSION : 1 HEURE
TOTAL : 1 HEURE 35 MINUTES

RÉGLAGE : SAUTÉ/PRESSURE COOK (SAUTÉ/CUISSON SOUS PRESSION)
LIBÉRATION : NATURAL/QUICK (NATURELLE/RAPIDE)

375 ml (1½ tasse) de bouillon de bœuf

60 ml (¼ tasse) de vin de cuisson rouge

15 ml (1 c. à s.) de thym séché

8 ml (½ c. à s.) de romarin séché

8 ml (1½ c. à t.) de sel de mer, moulu finement

5 ml (1 c. à t.) de paprika

5 ml (1 c. à t.) de poudre d'ail

3 ml (½ c. à t.) de poivre noir moulu

1,4 kg (3 lb) de rôti de palette, désossé

23 ml (1½ c. à s.) d'huile d'avocat

30 ml (2 c. à s.) de beurre non salé

½ oignon jaune moyen, haché

2 gousses d'ail, émincées

250 ml (1 tasse) de champignons, tranchés

4 branches de céleri, hachées

2 brins de thym frais

1 feuille de laurier

Conseil *Le temps de cuisson dans cette recette est celui d'un rôti de 1,4 kg (3 lb). Si vous utilisez un rôti de poids différent, ajustez le temps de cuisson en ajoutant 15 minutes par livre (30 minutes par kg).*

BŒUF BRAISÉ À L'ANCIENNE

Ce bœuf braisé juteux et réconfortant contient des épices piquantes. Il est cuit à la perfection dans un riche bouillon de bœuf. Cette variante cétogène du bœuf braisé traditionnel est sans gluten et à très faible teneur en glucides.

1. Dans un bol moyen, combiner bouillon de bœuf, vin, thym séché et romarin séché. Bien brasser. Mettre en attente.
2. Dans un petit bol, combiner sel de mer, paprika, poudre d'ail et poivre noir. Bien brasser. Frotter généreusement le mélange d'épices sur le rôti. Mettre en attente.
3. Sélectionner **Sauté (More)/Sauté (Plus)**. Une fois le récipient chaud, ajouter l'huile d'avocat et le beurre. Chauffer jusqu'à ce que le beurre soit fondu, 2 minutes environ.
4. Ajouter le rôti et sauter 3 minutes par côté ou jusqu'à ce qu'une croûte se forme. Transférer le rôti doré dans une assiette et mettre en attente.
5. Ajouter l'oignon et l'ail dans le récipient. Sauter 2 à 3 minutes ou jusqu'à ce que les oignons soient tendres et l'ail parfumé.
6. Ajouter la moitié du mélange bouillon et vin. Avec une cuillère en bois, brasser et détacher toute particule dorée au fond du récipient.
7. Mettre l'étuveuse dans le récipient, puis déposer le rôti sur l'étuveuse. Ajouter les champignons et le céleri. Verser le reste du mélange bouillon et vin sur le rôti, puis ajouter les brins de thym et la feuille de laurier sur le dessus du rôti.
8. Couvrir, verrouiller le couvercle, puis placer la valve de libération de la vapeur en position blocage. Sélectionner **Pressure Cook (High)/Cuisson sous pression (Élevée)**, puis régler le temps de cuisson à **1 heure**. Une fois le temps de cuisson complété, laisser la pression se libérer naturellement 10 minutes, puis évacuer rapidement la pression résiduelle.
9. Ouvrir le couvercle, retirer et jeter feuille de laurier et brins de thym. Saisir prudemment les poignées de l'étuveuse pour sortir étuveuse et rôti du récipient. Transférer dans une assiette de service.
10. Transférer les légumes dans l'assiette de service et, avec une cuillère, arroser rôti et légumes du reste de bouillon.
11. Trancher le rôti, servir chaud en arrosant chaque portion de 60 ml (¼ tasse) de bouillon.

Valeur nutritive par portion
CALORIES : 325 **LIPIDES :** 14 g **GLUCIDES NETS :** 3 g **PROTÉINES :** 40 g

CASSEROLE DE BACON, HAMBURGER AU FROMAGE ET RIZ

Cette casserole délicieuse et nutritive de bacon et hamburger au fromage devient cétogène en remplaçant le vrai riz, très riche en glucides, par du riz de chou-fleur à faible teneur en glucides.

PORTIONS : 5
PAR PERSONNE : 1 POINTE

PRÉPARATION : 5 MINUTES
TEMPS SOUS PRESSION : 20 MINUTES
TOTAL : 38 MINUTES

RÉGLAGE : SAUTÉ/PRESSURE COOK (SAUTÉ/CUISSON SOUS PRESSION)
LIBÉRATION : QUICK (RAPIDE)

- 500 ml (2 tasses) de fleurons de chou-fleur frais
- 450 g (1 lb) de bœuf haché
- 5 tranches de bacon, non cuit et haché
- 225 g (8 oz) de sauce tomate, sans sucre ajouté
- 5 ml (1 c. à t.) de poudre d'ail
- 3 ml (½ c. à t.) de paprika
- 3 ml (½ c. à t.) de sel de mer, moulu finement
- 1 ml (¼ c. à t.) de poivre noir moulu
- 250 ml (1 tasse) de cheddar, râpé et divisé
- 1 ml (¼ c. à t.) de graines de céleri
- 1 tomate Roma moyenne, tranchée

1. Vaporiser un plat à soufflé de 1 l (4 tasses) et de 16,5 cm (6,5 po) de diamètre d'enduit antiadhésif à l'huile de noix de coco. Mettre en attente.
2. Transférer les fleurons de chou-fleur dans un robot culinaire et, avec la fonction Pulse, mixer jusqu'à l'obtention d'une consistance semblable à du riz. Mettre en attente.
3. Sélectionner **Sauté (Normal)**. Une fois le récipient chaud, défaire le bœuf haché dans le récipient, puis ajouter le bacon. Sauter 3 minutes ou jusqu'à ce que le bœuf haché soit bien doré et le bacon cuit de part en part. Appuyer sur **Cancel (Annuler)** pour éteindre l'appareil. Transférer bœuf, bacon et gras de cuisson dans un grand bol.
4. Retirer prudemment le récipient intérieur de sa base, rincer et assécher avec de l'essuie-tout. Remettre sur la base.
5. Ajouter sauce tomate, riz de chou-fleur, poudre d'ail, paprika, sel de mer, poivre noir, 125 ml (½ tasse) de cheddar et graines de céleri dans le bol avec le bœuf et le bacon. Bien mêler pour combiner.
6. Transférer le mélange dans le plat préparé et, avec une cuillère, presser pour obtenir une couche uniforme de mélange.
7. Mettre l'étuveuse dans le récipient, puis ajouter 250 ml (1 tasse) d'eau au fond du récipient. Placer le plat sur l'étuveuse.
8. Couvrir, verrouiller le couvercle, puis placer la valve de libération de la vapeur en position blocage. Sélectionner **Pressure Cook (High)/Cuisson sous pression (Élevée)**, puis régler le temps de cuisson à **20 minutes**. Une fois le temps de cuisson complété, évacuer rapidement la pression.
9. Ouvrir le couvercle. Disposer les tranches de tomate en une seule couche sur le dessus de la casserole et parsemer du reste de fromage. Refermer le couvercle et laisser la chaleur résiduelle fondre le fromage 4 à 5 minutes.
10. Ouvrir le couvercle, saisir les poignées de l'étuveuse et sortir prudemment étuveuse et plat du récipient.
11. Transférer dans une assiette de service et couper en 5 pointes égales. Servir chaud.

Conseil *Pour une recette sans lait, remplacez le cheddar par 250 ml (1 tasse) de fromage d'amandes.*

Valeur nutritive par portion
CALORIES : 281 **LIPIDES :** 18 g **GLUCIDES NETS :** 4 g **PROTÉINES :** 26 g

COURGE SPAGHETTI
avec sauce à la viande

La courge spaghetti est une belle alternative aux pâtes dans cette version nourrissante et cétogène d'un classique italien. Elle est à faible teneur en glucides et tellement facile à rôtir entière dans l'autocuiseur.

PORTIONS : 6
PAR PERSONNE :
150 ML (2/3 TASSE) DE COURGE SPAGHETTI ET 150 ML (2/3 TASSE) DE SAUCE À LA VIANDE

PRÉPARATION : 5 MINUTES
TEMPS SOUS PRESSION : 18 MINUTES
TOTAL : 50 MINUTES

RÉGLAGE : SAUTÉ/PRESSURE COOK/SAUTÉ (SAUTÉ/CUISSON SOUS PRESSION/SAUTÉ)
LIBÉRATION : NATURAL/QUICK (NATURELLE/RAPIDE)

- 15 ml (1 c. à s.) d'huile d'olive
- 450 g (1 lb) de bœuf haché
- 2 gousses d'ail, émincées
- 60 ml (¼ tasse) d'oignon jaune, finement haché
- 800 g (28 oz) de tomates broyées, en conserve
- 6 tranches de pepperoni ou de salami non traités, haché
- 23 ml (1½ c. à s.) d'assaisonnement italien
- 5 ml (1 c. à t.) de poudre d'ail
- 3 ml (½ c. à t.) de persil séché
- 3 ml (½ c. à t.) de sel de mer, moulu finement
- 3 ml (½ c. à t.) de poivre noir moulu
- 80 ml (⅓ tasse) de bouillon de bœuf
- 1 feuille de laurier
- 1,4 kg (3 lb) de courge spaghetti, lavée et séchée
- 30 ml (2 c. à s.) de concentré de tomates
- 23 ml (1½ c. à s.) de parmesan, râpé
- 15 ml (1 c. à s.) de basilic frais en lanières (facultatif)

1. Sélectionner **Sauté (Normal)**. Une fois le récipient chaud, ajouter l'huile d'olive, le bœuf haché, l'ail et l'oignon. Sauter, en brassant sans arrêt, 5 minutes ou jusqu'à ce que la viande soit dorée.
2. Ajouter tomates broyées, pepperoni ou salami, assaisonnement italien, poudre d'ail, persil, sel de mer, poivre noir et bouillon de bœuf. Avec une cuillère en bois, brasser et gratter le fond du récipient pour détacher toute particule dorée. Ajouter la feuille de laurier.
3. Avec un couteau d'office, percer la courge spaghetti 4 ou 5 fois de chaque côté pour créer des trous de ventilation pour la vapeur. Mettre la courge spaghetti dans le récipient sur le dessus de la sauce.
4. Couvrir, verrouiller le couvercle, puis placer la valve de libération de la vapeur en position blocage. Sélectionner **Pressure Cook (High)/Cuisson sous pression (Élevée)**, puis régler le temps de cuisson à **18 minutes**. Une fois le temps de cuisson complété, laisser la pression se libérer naturellement 20 minutes, puis évacuer rapidement la pression résiduelle.
5. Ouvrir le couvercle. Avec une cuillère à égoutter, transférer prudemment la courge sur une planche à découper. Laisser refroidir.
6. Ajouter le concentré de tomates dans le récipient et brasser. Sélectionner **Sauté (Less)/Sauté (Moins)**, couvrir, et laisser mijoter 6 minutes.
7. Pendant ce temps, trancher la courge refroidie en deux et, avec une cuillère, retirer les pépins. Avec une fourchette, gratter la chair pour créer les nouilles.
8. Transférer dans une passoire pour égoutter. Presser avec de l'essuie-tout pour expulser le surplus d'eau. Transférer les nouilles dans une assiette de service.
9. Retirer et jeter la feuille de laurier. Avec une louche, arroser de sauce le dessus des nouilles, garnir de parmesan, puis de lanières de basilic (si désiré). Servir chaud.

Conseil *Les restes de nouilles et de sauce peuvent être conservés séparément au réfrigérateur, dans des contenants refermables, jusqu'à une semaine.*

Valeur nutritive par portion
CALORIES : 230 **LIPIDES :** 12 g **GLUCIDES NETS :** 9 g **PROTÉINES :** 19 g

PAIN DE VIANDE FARCI AU BACON ET AU FROMAGE

PORTIONS : 4
PAR PERSONNE : 2 TRANCHES

PRÉPARATION : 8 MINUTES
TEMPS SOUS PRESSION : 30 MINUTES
TOTAL : 45 MINUTES

RÉGLAGE : PRESSURE COOK (CUISSON SOUS PRESSION)
LIBÉRATION : QUICK (RAPIDE)

Ce pain de viande réconfortant déborde d'épices savoureuses, de bacon fumé et de cheddar fondu. Il est garni d'une glace aux tomates sucrée et délicieuse. Vous ne croiriez jamais que cette recette est cétogène !

450 g (1 lb) de bœuf haché

125 ml (½ tasse) de sauce tomate, sans sucre ajouté

1 gros œuf, battu

30 ml (2 c. à s.) de farine de lin doré

5 ml (1 c. à t.) de poudre d'ail

5 ml (1 c. à t.) de sel de mer, moulu finement

3 ml (½ c. à t.) de paprika

1 ml (¼ c. à t.) de poivre noir moulu

4 tranches de bacon, non cuit

80 ml (⅓ tasse) de cheddar, râpé

GLACE

80 ml (⅓ tasse) de sauce tomate, sans sucre ajouté

10 ml (2 c. à t.) de mélange édulcorant érythritol-oligosaccharides en granules

5 ml (1 c. à t.) de vinaigre de cidre

1 ml (¼ c. à t.) de poudre d'oignon

1 ml (¼ c. à t.) de poudre d'ail

0,5 ml (⅛ c. à t.) de sel de mer, moulu finement

0,5 ml (⅛ c. à t.) de piment de la Jamaïque

1. Dans un grand bol, combiner bœuf haché, sauce tomate, œuf, farine de lin, poudre d'ail, sel de mer, paprika et poivre noir. Avec les mains, mélanger jusqu'à ce que tous les ingrédients soient juste combinés.
2. Mettre une feuille de papier d'aluminium de 50 cm (20 po) sur une surface plane. Transférer la moitié du mélange au centre et, avec les mains, façonner le mélange en une forme ovale aplatie d'environ 15,25 cm (6 po) de longueur.
3. Disposer les tranches de bacon en une seule couche sur le dessus de la viande, puis parsemer de cheddar. Mettre le reste du mélange de viande sur le dessus et, avec les mains, façonner le mélange en pain de viande oval.
4. Plier les bords du papier d'aluminium vers le haut et autour des côtés du pain de viande pour former un moule à pain. Mettre en attente.
5. Préparer la glace aux tomates en combinant tous les ingrédients dans un petit bol. Bien mêler. Avec une cuillère, glacer le pain de viande.
6. Ajouter 250 ml (1 tasse) d'eau au fond du récipient intérieur de l'autocuiseur. Déposer le pain de viande sur l'étuveuse, puis placer l'étuveuse dans le récipient.
7. Couvrir, verrouiller le couvercle, puis placer la valve de libération de la vapeur en position blocage. Sélectionner **Pressure Cook (High)/Cuisson sous pression (Élevée)**, puis régler le temps de cuisson à **30 minutes**.
8. Pendant ce temps, préchauffer le gril du four.
9. Une fois le temps de cuisson complété, libérer la pression rapidement, ouvrir le couvercle et saisir prudemment les poignées de l'étuveuse pour sortir étuveuse et pain de viande du récipient.
10. Transférer le pain de viande sur une grande plaque à pâtisserie. Mettre sous le gril 2 minutes jusqu'à ce qu'il soit doré ou que la glace bouillonne.
11. Transférer dans une assiette de service, jeter le papier d'aluminium et couper le pain de viande en 8 tranches égales. Servir chaud.

Conseil *Vous pouvez utiliser la glace comme substitut cétogène au ketchup.*

Valeur nutritive par portion
CALORIES : 330 **LIPIDES :** 21 g **GLUCIDES NETS :** 4 g **PROTÉINES :** 31 g

PICCATA POULET, ARTICHAUTS ET CITRON

Du poulet tendre et des artichauts sont servis dans une rafraîchissante sauce citronnée aux câpres et aux épices dans cette version cétogène d'un classique italien à faible teneur en glucides et sans gluten.

PORTIONS : 4
PAR PERSONNE : 225 G (½ LB) DE POULET ET 60 ML (¼ TASSE) DE LÉGUMES ET BOUILLON

PRÉPARATION : 4 MINUTES
TEMPS SOUS PRESSION : 10 MINUTES
TOTAL : 36 MINUTES

RÉGLAGE : SAUTÉ/PRESSURE COOK (SAUTÉ/CUISSON SOUS PRESSION)
LIBÉRATION : NATURAL/QUICK (NATURELLE/RAPIDE)

- 680 g (1½ lb) de poitrines de poulet, désossées et sans la peau
- 3 ml (½ c. à t.) de sel de mer, moulu finement
- 1 ml (¼ c. à t.) de poivre noir moulu
- 30 ml (2 c. à s.) de beurre
- 150 ml (⅔ tasse) de bouillon de poulet
- 30 ml (2 c. à s.) de jus de citron frais
- 4 gousses d'ail, émincées
- 375 ml (1½ tasse) de cœurs d'artichauts en conserve, égouttés et en quartiers
- 30 ml (2 c. à s.) de câpres
- 3 ml (½ c. à t.) d'assaisonnement italien
- 60 ml (¼ tasse) de vin de cuisson blanc

1. Saler et poivrer les poitrines de poulet.
2. Sélectionner **Sauté (Normal)** et mettre le beurre dans le récipient. Une fois le beurre fondu, ajouter les poitrines de poulet et griller 4 minutes par côté, ou jusqu'à ce qu'elles soient dorées.
3. Ajouter le reste des ingrédients.
4. Couvrir, verrouiller le couvercle, puis placer la valve de libération de la vapeur en position blocage. Sélectionner **Pressure Cook (High)/Cuisson sous pression (Élevée)**, puis régler le temps de cuisson à **10 minutes**.
5. Une fois le temps de cuisson complété, laisser la pression se libérer naturellement 10 minutes, puis évacuer rapidement la pression résiduelle.
6. Ouvrir le couvercle et transférer le poulet dans des assiettes. Ajouter 60 ml (¼ tasse) de mélange aux artichauts et de bouillon sur le poulet. Servir chaud.

Conseil *Pour une recette sans lait, remplacez le beurre par 30 ml (2 c. à s.) d'huile d'avocat.*

Valeur nutritive par portion
CALORIES : 275 **LIPIDES :** 8 g **GLUCIDES NETS :** 5 g **PROTÉINES :** 40 g

PORTIONS : 6
PAR PERSONNE : 125 ML (½ TASSE)

PRÉPARATION : 10 MINUTES
TEMPS SOUS PRESSION : 55 MINUTES
TOTAL : 75 MINUTES

RÉGLAGE : SAUTÉ/PRESSURE COOK (SAUTÉ/CUISSON SOUS PRESSION)
LIBÉRATION : NATURAL/QUICK (NATURELLE/RAPIDE)

PORC EFFILOCHÉ CHILE VERDE

Ce porc tendre et juteux est servi dans une sauce aux tomatilles qui éclate de saveurs épicées et d'arômes d'agrumes. L'autocuiseur cuit rapidement ce célèbre plat mexicain sans sacrifier cependant la saveur d'une cuisson lente.

1 kg (2 lb) d'épaule de porc, en 6 morceaux égaux

5 ml (1 c. à t.) de sel de mer, moulu finement

3 ml (½ c. à t.) de poivre noir moulu

2 jalapeños, tige enlevée et épépinés

450 g (1 lb) de tomatilles, enveloppe enlevée et en quartiers

3 gousses d'ail

1 oignon blanc moyen, haché

5 ml (1 c. à t.) de cumin moulu

3 ml (½ c. à t.) d'origan séché

15 ml (1 c. à s.) de jus de lime

45 ml (3 c. à s.) de coriandre fraîche, hachée

400 ml (1⅔ tasse) de bouillon de poulet

23 ml (1½ c. à s.) d'huile d'olive

1 Saler et poivrer les morceaux de porc. Frotter délicatement le sel et le poivre sur le porc. Mettre en attente.

2 Dans un mélangeur, combiner jalapeños, tomatilles, gousses d'ail, oignon, cumin, origan, jus de lime, coriandre et bouillon de poulet. Avec la fonction Pulse, bien mêler. Mettre en attente.

3 Sélectionner **Sauté (Normal)** et mettre l'huile d'olive dans le récipient. Une fois l'huile chaude, ajouter les morceaux de porc et griller 3 à 4 minutes par côté, ou jusqu'à ce qu'ils soient dorés.

4 Verser la sauce sur le porc, puis brasser légèrement pour enrober les morceaux de sauce.

5 Couvrir, verrouiller le couvercle, puis placer la valve de libération de la vapeur en position blocage. Sélectionner **Pressure Cook (High)/Cuisson sous pression (Élevée)**, puis régler le temps de cuisson à **55 minutes**.

6 Une fois le temps de cuisson complété, laisser la pression se libérer naturellement 10 minutes, puis évacuer rapidement la pression résiduelle.

7 Ouvrir le couvercle et transférer les morceaux de porc sur une planche à découper. À l'aide de 2 fourchettes, effilocher le porc.

8 Mettre de nouveau le porc dans le récipient, puis brasser pour bien enrober de sauce. Transférer dans une assiette de service. Servir chaud.

Conseil *Ce mets est fantastique servi sur un riz de chou-fleur ou dans des coupelles de laitue romaine pour des tacos cétogènes.*

Valeur nutritive par portion
CALORIES : 342 **LIPIDES :** 23 g **GLUCIDES NETS :** 4 g **PROTÉINES :** 33 g

SAUMON AU CITRON ET ANETH *avec brocoli*

Du saumon délicat, naturellement très faible en glucides et riche en gras sains, est arrosé d'un beurre rafraîchissant aux herbes et servi avec du brocoli tendre dans ce repas nourrissant tout-en-un.

PORTIONS : 4
PAR PERSONNE : 115 G (¼ LB) DE SAUMON ET 125 ML (½ TASSE) DE BROCOLI

PRÉPARATION : 5 MINUTES
TEMPS SOUS PRESSION : 7 MINUTES
TOTAL : 20 MINUTES

RÉGLAGE : STEAM/STEAM (VAPEUR/VAPEUR)
LIBÉRATION : QUICK (RAPIDE)

- 250 ml (1 tasse) d'eau
- 1 gousse d'ail, grossièrement hachée
- 4 brins d'aneth frais
- 450 g (1 lb) de saumon sauvage, avec la peau en 4 filets égaux
- 3 ml (½ c. à t.) de sel de mer, moulu finement
- 1 ml (¼ c. à t.) de poivre noir moulu
- 3 ml (½ c. à t.) de poudre d'ail
- 30 ml (2 c. à s.) de beurre, divisé
- ½ citron moyen, tranché finement
- 1 ml (¼ c. à t.) d'aneth séché
- 500 ml (2 tasses) de fleurons de brocoli frais

1. Placer l'étuveuse dans le récipient intérieur de l'autocuiseur. Mettre l'eau, l'ail et les brins d'aneth au fond du récipient.
2. Déposer les filets de saumon peau dessous sur l'étuveuse. Assaisonner de sel, de poivre et de poudre d'ail, puis arroser de 8 ml (½ c. à s.) de beurre. Garnir chacun de 1 tranche de citron et parsemer d'aneth séché.
3. Couvrir, verrouiller le couvercle, puis placer la valve de libération de la vapeur en position blocage. Sélectionner **Steam (High)/Vapeur (Élevée)**, puis régler le temps de cuisson à **5 minutes**. Une fois le temps de cuisson complété, évacuer la pression rapidement.
4. Ouvrir le couvercle, saisir prudemment les poignées de l'étuveuse et sortir étuveuse et filets de saumon du récipient. Transférer dans une assiette de service et mettre en attente.
5. Retirer prudemment le récipient intérieur de la base, égoutter et assécher avec de l'essuie-tout. Remettre sur la base.
6. Mettre une marguerite sur pattes dans le récipient intérieur et ajouter 250 ml (1 tasse) d'eau au fond du récipient. Transférer le brocoli dans la marguerite.
7. Couvrir, verrouiller le couvercle, puis placer la valve de libération de la vapeur en position blocage. Sélectionner **Steam (High)/Vapeur (Élevée)**, puis régler le temps de cuisson à **2 minutes**. Une fois le temps de cuisson complété, évacuer la pression rapidement et ouvrir le couvercle.
8. Avec une cuillère à égoutter, transférer le brocoli dans l'assiette avec le saumon. Servir chaud.

Conseil *Le temps de cuisson dans cette recette est pour un filet d'environ 2,5 cm (1 po) d'épaisseur. Si vous utilisez un filet plus épais, ajoutez 2 minutes au temps de cuisson ; pour un filet moins épais, réduisez-le de 1 minute.*

Valeur nutritive par portion
CALORIES : 280 **LIPIDES :** 20 g **GLUCIDES NETS :** 1 g **PROTÉINES :** 19 g

CÔTELETTES DE PORC BBQ CAMPAGNARDES EN SAUCE

PORTIONS : 5
PAR PERSONNE : 150 G (⅓ LB)

PRÉPARATION : 6 MINUTES
TEMPS SOUS PRESSION : 35 MINUTES
TOTAL : 1 HEURE 10 MINUTES

RÉGLAGE : PRESSURE COOK (CUISSON SOUS PRESSION)
LIBÉRATION : NATURAL (NATURELLE)

Ces tendres côtelettes désossées sont enrobées d'un chaud mélange d'épices à frotter, puis couvertes d'une sauce barbecue sucrée et fumée à faible teneur en glucides. Elles ont le goût d'une cuisson lente, mais elles sont préparées rapidement dans l'autocuiseur !

375 ml (1½ tasse) de bouillon de bœuf

900 g (2 lb) de côtelettes de porc désossées, de style campagnard

SAUCE BARBECUE

23 ml (1½ c. à s.) de beurre non salé

250 ml (1 tasse) de sauce tomate, sans sucre ajouté

15 ml (1 c. à s.) de vinaigre de cidre

8 ml (1½ c. à t.) de fumée liquide

8 ml (½ c. à s.) de sauce Worcestershire

3 ml (½ c. à t.) de mélasse noire

30 ml (2 c. à s.) de mélange édulcorant érythritol-oligosaccharides en granules

5 ml (1 c. à t.) de poudre d'ail

3 ml (½ c. à t.) de sel de mer, moulu finement

3 ml (½ c. à t.) de poudre d'oignon

ÉPICES À FROTTER

5 ml (1 c. à t.) de sel de mer, moulu finement

5 ml (1 c. à t.) de poivre noir moulu

8 ml (1½ c. à t.) de paprika fumé

8 ml (1½ c. à t.) de poudre d'oignon

5 ml (1 c. à t.) de poudre d'ail

5 ml (1 c. à t.) de cumin moulu

0,5 ml (⅛ c. à t.) de poivre de Cayenne

1 Pour préparer la sauce, mettre le beurre dans une petite casserole à feu moyen. Une fois le beurre fondu, ajouter le reste des ingrédients de la sauce. Brasser jusqu'à ce que les ingrédients soient bien combinés. Retirer du feu et mettre en attente.

2 Préparer les épices à frotter en combinant dans un petit bol tous les ingrédients. Bien mêler et mettre en attente.

3 Verser le bouillon de bœuf dans le récipient intérieur de l'autocuiseur, puis placer l'étuveuse dans le récipient.

4 Parsemer généreusement le porc d'épices à frotter, puis frotter doucement les épices dans la viande. Empiler les côtelettes assaisonnées sur l'étuveuse.

5 Verser la moitié de la sauce barbecue sur les côtelettes. Réserver le reste pour servir.

6 Couvrir, verrouiller le couvercle, puis placer la valve de libération de la vapeur en position blocage. Sélectionner **Pressure Cook (High)/Cuisson sous pression (Élevée)**, puis régler le temps de cuisson à **35 minutes**.

7 Une fois le temps de cuisson complété, laisser la pression se libérer naturellement (20 minutes environ).

8 Ouvrir le couvercle et, avec une pince, transférer prudemment les côtelettes dans une assiette de service. Avec un pinceau à pâtisserie, badigeonner les côtelettes avec la sauce réservée. Servir chaud.

Conseil *Pour une recette sans lait, remplacez le beurre dans la sauce par 15 ml (1 c. à s.) d'huile d'avocat.*

Valeur nutritive par portion
CALORIES : 398 **LIPIDES :** 23 g **GLUCIDES NETS :** 7 g **PROTÉINES :** 36 g

PORTIONS : 3
PAR PERSONNE : 150 G (⅓ LB)

PRÉPARATION : 4 MINUTES
TEMPS SOUS PRESSION : 6 MINUTES
TOTAL : 10 MINUTES

RÉGLAGE : PRESSURE COOK (CUISSON SOUS PRESSION)
LIBÉRATION : QUICK (RAPIDE)

- ½ tomate Beefsteak moyenne, coupée en 3 tranches
- ½ citron moyen, coupé en 3 tranches
- 450 g (1 lb) de morue fraîche, en 3 filets égaux
- 3 ml (½ c. à t.) de sel de mer, moulu finement
- 1 ml (¼ c. à t.) de poivre noir moulu
- 23 ml (1½ c. à s.) de beurre non salé, divisé
- 30 ml (2 c. à s.) de jus de citron
- 8 ml (½ c. à s.) d'huile d'olive
- 1 ml (¼ c. à t.) de paprika
- 5 ml (1 c. à t.) de zeste de citron

MORUE
avec beurre au citron

Ce plat de morue léger et floconneux est parfumé de beurre, d'épices et d'un trait d'agrumes et servi sur un lit de tomates et de tranches de citron. À très faible teneur en glucides, il est sans gluten.

1. Disposer les tranches de tomate et de citron en une seule couche au fond d'un plat de cuisson rond de 15,25 cm (6 po) de diamètre.
2. Saler et poivrer les deux côtés des filets de morue. Placer sur les tranches de tomate et de citron.
3. Garnir chaque filet de 8 ml (½ c. à s.) de beurre, puis arroser du jus de citron et de l'huile d'olive. Assaisonner de paprika, puis parsemer du zeste de citron.
4. Mettre l'étuveuse dans le récipient intérieur de l'autocuiseur, puis ajouter 250 ml (1 tasse) d'eau au fond du récipient. Placer le plat de cuisson sur l'étuveuse.
5. Couvrir, verrouiller le couvercle, puis placer la valve de libération de la vapeur en position blocage. Sélectionner **Pressure Cook (High)/Cuisson sous pression (Élevée)**, puis régler le temps de cuisson à **6 minutes**.
6. Une fois le temps de cuisson complété, libérer rapidement la pression, ouvrir le couvercle et saisir prudemment les poignées de l'étuveuse pour sortir étuveuse et plat de cuisson du récipient.
7. Vérifier la cuisson du poisson en faisant une petite incision dans la chair : si elle est floconneuse et opaque, le poisson est prêt. Si le poisson n'est pas prêt, remettre dans le récipient et cuire sous pression 2 minutes de plus.
8. Avec une spatule, transférer prudemment le poisson dans une assiette de service. Servir chaud.

Conseil *Si vous utilisez de la morue surgelée non décongelée, augmentez le temps de cuisson à 10 minutes.*

Valeur nutritive par portion
CALORIES : 185 **LIPIDES :** 7 g **GLUCIDES NETS :** 1 g **PROTÉINES :** 27 g

POULET, AIL, LIME ET PIMENT À LA MIJOTEUSE

Cette recette cétogène à la mijoteuse facile à préparer est à faible teneur en glucides et sans gluten. Elle contient du poulet tendre cuit lentement, des épices piquantes et fumées et de doux arômes d'agrumes.

PORTIONS : 4
PAR PERSONNE : 1 CUISSE ET 30 ML (2 C. À S.) DE SAUCE

PRÉPARATION : 5 MINUTES
CUISSON : 4 HEURES
TOTAL : 4 HEURES 15 MINUTES

RÉGLAGE : SLOW COOK/SAUTÉ (CUISSON SOUS PRESSION/SAUTÉ)
LIBÉRATION : AUCUNE

- 80 ml (⅓ tasse) de sauce tomate, sans sucre ajouté
- 60 ml (¼ tasse) de bouillon de poulet
- 23 ml (1½ c. à s.) d'huile d'olive
- 3 gousses d'ail
- 40 ml (2½ c. à s.) de piments verts doux, en conserve
- 15 ml (1 c. à s.) de vinaigre de cidre
- 60 ml (¼ tasse) de jus de lime
- 60 ml (¼ tasse) de feuilles de coriandre, fraîches
- 8 ml (1½ c. à t.) de mélange édulcorant érythritol-oligosaccharides en granules
- 5 ml (1 c. à t.) de poudre de chipotle
- 3 ml (½ c. à t.) de cumin moulu
- 8 ml (1½ c. à t.) de sel de mer, moulu finement
- 1 ml (¼ c. à t.) de poivre noir moulu
- 680 g (1½ lb) de cuisses de poulet, désossées et sans la peau

1. Dans un mélangeur, en utilisant la fonction Pulse, mixer tous les ingrédients, sauf le poulet pour obtenir un mélange homogène.
2. Vaporiser légèrement le fond du récipient intérieur de l'autocuiseur d'enduit antiadhésif à l'huile de noix de coco.
3. Transférer les cuisses de poulet dans le récipient, puis verser la sauce sur le poulet.
4. Couvrir, verrouiller le couvercle, mais laisser la valve de libération de la vapeur en position aération. Sélectionner **Slow Cook (More)/Cuisson lente (Plus)**, puis régler le temps de cuisson à **4 heures**.
5. Une fois le temps de cuisson complété, ouvrir le couvercle et transférer le poulet dans une assiette de service. Sélectionner **Sauté (Normal)** et laisser mijoter la sauce dans le récipient jusqu'à ce qu'elle épaississe, 6 à 8 minutes environ.
6. Avec une cuillère, napper la sauce sur le poulet. Servir chaud.

Conseil *Si vous utilisez des cuisses de poulet surgelées non décongelées, ajoutez 1 heure au temps de cuisson.*

Valeur nutritive par portion
CALORIES : 260 **LIPIDES :** 12 g **GLUCIDES NETS :** 4 g **PROTÉINES :** 32 g

SOUPE CRÉMEUSE BROCOLI ET FROMAGE
avec bacon

Cette soupe ultra crémeuse et veloutée contient du brocoli bon pour la santé et du bacon fumé émietté. Elle est cétogène, à faible teneur en glucides et extrêmement addictive !

PORTIONS : 6
PAR PERSONNE : 175 ML (¾ TASSE) ET 8 ML (½ C. À S.) DE BACON

PRÉPARATION : 6 MINUTES
TEMPS SOUS PRESSION : 5 MINUTES
TOTAL : 26 MINUTES

RÉGLAGE : SAUTÉ/PRESSURE COOK/SAUTÉ/KEEP WARM (SAUTÉ/CUISSON SOUS PRESSION/SAUTÉ/GARDER AU CHAUD)
LIBÉRATION : NATURAL/QUICK (NATURELLE/RAPIDE)

45 ml (3 c. à s.) de beurre
½ oignon jaune, en dés
2 branches de céleri, en dés
3 gousses d'ail, émincées
875 ml (3½ tasses) de bouillon de poulet
1 l (4 tasses) de fleurons de brocoli frais ou surgelés, hachés
85 g (3 oz) de fromage à la crème ferme, ramolli et en cubes
3 ml (½ c. à t.) de muscade moulue
3 ml (½ c. à t.) de sel de mer, moulu finement
5 ml (1 c. à t.) de poivre noir moulu
750 ml (3 tasses) de cheddar, râpé
125 ml (½ tasse) de Monterey Jack, râpé
500 ml (2 tasses) de crème 35 % de matières grasses
3 ml (½ c. à t.) de gomme de xanthane (facultatif)
4 tranches de bacon, cuit et émietté
15 ml (1 c. à s.) de ciboulette, hachée finement

1. Sélectionner **Sauté (Normal)**. Une fois le récipient chaud, ajouter le beurre et chauffer jusqu'à ce qu'il soit fondu.
2. Ajouter l'oignon, le céleri et l'ail. Sauter en brassant sans arrêt 5 minutes, ou jusqu'à ce que les légumes soient tendres.
3. Ajouter le bouillon de poulet et les fleurons de brocoli. Sauter en brassant jusqu'à ce que le liquide commence à bouillir, puis appuyer sur **Cancel (Annuler)** pour éteindre l'appareil.
4. Couvrir, verrouiller le couvercle, puis placer la valve de libération de la vapeur en position blocage. Sélectionner **Pressure Cook (High)/Cuisson sous pression (Élevée)**, puis régler le temps de cuisson à **5 minutes**.
5. Une fois le temps de cuisson complété, laisser la pression se libérer naturellement 10 minutes, puis évacuer rapidement la pression résiduelle.
6. Ouvrir le couvercle et ajouter le fromage à la crème, la muscade, le sel de mer et le poivre noir. Brasser pour combiner.
7. Sélectionner **Sauté (Normal)**. Attendre que la soupe bouille, puis ajouter lentement et en brassant sans arrêt, le cheddar et le Monterey Jack. Une fois les fromages fondus, sélectionner **Keep Warm (Garder au chaud)**, puis ajouter en brassant la crème.
8. Ajouter la gomme de xanthane (si désiré) et brasser jusqu'à ce que la soupe épaississe.
9. Avec une louche, servir dans des bols et garnir chacun de 8 ml (½ c. à s.) de bacon et 3 ml (½ c. à t.) de ciboulette. Servir chaud.

Conseil *La gomme de xanthane sert d'agent épaississant et on peut l'omettre.*

Valeur nutritive par portion
CALORIES : 400 **LIPIDES :** 31 g **GLUCIDES NETS :** 4 g **PROTÉINES :** 18 g

POULET MARSALA AUX CHAMPIGNONS

PORTIONS : 4
PAR PERSONNE : 2 CUISSES ET 45 ML (3 C. À S.) DE SAUCE

PRÉPARATION : 5 MINUTES
TEMPS SOUS PRESSION : 8 MINUTES
TOTAL : 36 MINUTES

RÉGLAGE : SAUTÉ/PRESSURE COOK/SAUTÉ (SAUTÉ/CUISSON SOUS PRESSION/SAUTÉ)
LIBÉRATION : NATURAL/QUICK (NATURELLE/RAPIDE)

Dans cette version cétogène d'un classique italien à faible teneur en glucides et sans gluten, de juteuses cuisses de poulet grillées sont noyées dans une savoureuse sauce au Marsala et aux champignons.

680 g (1½ lb) de cuisses de poulet, désossées et sans la peau

3 ml (½ c. à t.) de sel de mer, moulu finement

0,5 ml (⅛ c. à t.) de poivre noir moulu

15 ml (1 c. à s.) d'huile d'avocat

150 ml (⅔ tasse) de bouillon de poulet

30 ml (2 c. à s.) de beurre non salé, divisé

3 ml (½ c. à t.) de fécule d'arrow-root

3 gousses d'ail, émincées

250 ml (1 tasse) de champignons frais, tranchés

5 ml (1 c. à t.) de sauce tamari

80 ml (⅓ tasse) de Marsala

1. Saler et poivrer les cuisses de poulet.
2. Sélectionner **Sauté (Normal)**, puis ajouter l'huile d'avocat dans le récipient intérieur de l'autocuiseur. Une fois l'huile chaude, ajouter les cuisses de poulet et griller 4 minutes par côté, ou jusqu'à ce qu'elles soient dorées. Verser le bouillon de poulet sur les cuisses.
3. Couvrir, verrouiller le couvercle, puis placer la valve de libération de la vapeur en position blocage. Sélectionner **Pressure Cook (High)/Cuisson sous pression (Élevée)**, puis régler le temps de cuisson à **8 minutes**.
4. Une fois le temps de cuisson complété, laisser la pression se libérer naturellement 5 minutes, puis évacuer rapidement la pression résiduelle. Ouvrir le couvercle et transférer le poulet dans une assiette. Mettre en attente.
5. Retirer prudemment le récipient de la base. Égoutter, rincer et essuyer avec de l'essuie-tout. Remettre sur la base.
6. Dans un petit bol, mettre 15 ml (1 c. à s.) de beurre et la fécule d'arrow-root. Avec une fourchette, écraser l'arrow-root dans le beurre jusqu'à l'obtention d'un mélange homogène. Mettre en attente
7. Sélectionner **Sauté (More)/Sauté (Plus)**, puis ajouter le reste de beurre dans le récipient. Une fois le beurre fondu, ajouter l'ail, les champignons et la sauce tamari. Sauter 3 minutes ou jusqu'à ce que les champignons soient tendres et commencent à brunir.
8. Ajouter le Marsala et, en brassant sans arrêt, sauter 3 minutes de plus. Dès que la sauce mijote, ajouter le mélange beurre-arrow-root et brasser. Continuer la cuisson, en brassant toujours, 1 à 2 minutes ou jusqu'à ce que la sauce commence à épaissir.
9. Remettre les cuisses de poulet dans le récipient. Avec une cuillère, arroser les cuisses de sauce. Laisser cuire le poulet 3 minutes de plus, puis appuyer sur **Cancel (Annuler)** pour éteindre l'appareil.
10. Avec une grande cuillère, transférer le poulet et la sauce dans les assiettes. Servir chaud.

Conseil *L'arrow-root en poudre est ajouté pour épaissir. On peut l'omettre, mais la sauce sera plus claire.*

Valeur nutritive par portion
CALORIES : 400 **LIPIDES :** 17 g **GLUCIDES NETS :** 3 g **PROTÉINES :** 45 g

LONGE DE PORC RÔTIE FROTTÉE AUX HERBES *avec asperges*

Ce rôti de porc tendre et savoureux est à faible teneur en glucides, sans gluten et sans lait. Il est servi avec des asperges fraîches vapeur, cuites parfaitement *al dente* dans l'autocuiseur.

PORTIONS : 6
PAR PERSONNE : 150 G (1/3 LB) DE RÔTI DE PORC ET 6 DEMI-ASPERGES

PRÉPARATION : 25 MINUTES
TEMPS SOUS PRESSION : 17 MINUTES
TOTAL : 50 MINUTES

RÉGLAGE : SAUTÉ/PRESSURE COOK/STEAM (SAUTÉ/CUISSON SOUS PRESSION/VAPEUR)
LIBÉRATION : NATURAL/QUICK (NATURELLE/RAPIDE)

- 8 ml (1½ c. à t.) de paprika fumé
- 5 ml (1 c. à t.) de thym séché
- 3 ml (½ c. à t.) de poudre d'ail
- 3 ml (½ c. à t.) de poudre d'oignon
- 3 ml (½ c. à t.) d'origan séché
- 3 ml (½ c. à t.) de poivre noir moulu
- 5 ml (1 c. à t.) de sel de mer, moulu finement
- 30 ml (2 c. à s.) d'huile d'olive
- 1 kg (2 lb) de longe de rôti de porc, désossée
- ½ oignon blanc moyen, haché
- 2 gousses d'ail, émincées
- 150 ml (⅔ tasse) de bouillon de poulet
- 30 ml (2 c. à s.) de sauce Worcestershire
- 20 asperges fraîches, extrémité ligneuse enlevée et en moitiés

1. Dans un petit bol, combiner paprika fumé, thym, poudre d'ail, poudre d'oignon, origan, poivre noir et sel de mer. Ajouter 23 ml (1½ c. à s.) d'huile d'olive. Brasser.
2. Badigeonner les deux côtés du rôti de porc du mélange huile et épices. Mettre le rôti dans un plat à couvercle et réfrigérer 20 à 30 minutes. Une fois le temps écoulé, sélectionner **Sauté (Normal)**, puis badigeonner le récipient intérieur de l'autocuiseur du reste d'huile d'olive. Une fois l'huile chaude, ajouter le rôti de porc et griller 4 à 5 minutes par côté ou jusqu'à ce qu'il soit doré. Retirer le rôti du récipient et mettre en attente.
3. Ajouter les oignons et l'ail dans le récipient et sauter 2 minutes, ou jusqu'à ce que les oignons soient tendres et l'ail parfumé. Ajouter le bouillon de poulet et la sauce Worcestershire. Avec une cuillère en bois, brasser et détacher toute particule dorée au fond du récipient. Remettre le rôti dans le récipient.
4. Couvrir, verrouiller le couvercle, puis placer la valve de libération de la vapeur en position blocage. Sélectionner **Pressure Cook (High)/Cuisson sous pression (Élevée)**, puis régler le temps de cuisson à **15 minutes**. Une fois le temps de cuisson complété, laisser la pression se libérer naturellement 10 minutes, puis évacuer rapidement la pression résiduelle.
5. Ouvrir le couvercle. Vérifier la température interne du rôti. Elle devrait être entre 63 °C (145 °F) et 71 °C (160 °F). Si le rôti n'est pas prêt, remettre le couvercle et cuire sous pression 5 minutes de plus. Transférer le rôti sur une planche à découper, couvrir de papier d'aluminium et laisser reposer. Transférer le bouillon dans une tasse à mesurer. Mettre en attente.
6. Placer l'étuveuse dans le récipient intérieur, puis ajouter 250 ml (1 tasse) d'eau au fond du récipient. Mettre les asperges dans un bol allant au four qui s'ajustera dans le récipient et déposer le bol sur l'étuveuse.
7. Couvrir, verrouiller le couvercle, puis placer la valve de libération de la vapeur en position blocage. Sélectionner **Steam/Vapeur**, puis régler le temps de cuisson à **2 minutes**. Une fois le temps de cuisson complété, évacuer rapidement la pression.
8. Ouvrir le couvercle et, avec une pince, transférer les asperges dans un grand plat de service. Saler et poivrer au goût. Trancher finement le rôti et transférer dans le plat de service. Arroser de bouillon réservé. Servir chaud.

Conseil *Pour une saveur plus prononcée, laissez mariner le rôti jusqu'à 2 heures.*

Valeur nutritive par portion
CALORIES : 371 **LIPIDES :** 18 g **GLUCIDES NETS :** 3 g **PROTÉINES :** 44 g

PORC EFFILOCHÉ À L'HAWAÏENNE *avec chou*

PORTIONS : 6
PAR PERSONNE :
125 ML (½ TASSE) DE PORC
ET 80 ML (⅓ TASSE) DE CHOU

PRÉPARATION : 10 MINUTES
TEMPS SOUS PRESSION :
62 MINUTES
TOTAL : 1 HEURE 32 MINUTES

RÉGLAGE : SAUTÉ/PRESSURE COOK/PRESSURE COOK (SAUTÉ/CUISSON SOUS PRESSION/CUISSON SOUS PRESSION)
LIBÉRATION : NATURAL/QUICK (NATURELLE/RAPIDE)

23 ml (1½ c. à s.) d'huile d'olive

1,4 kg (3 lb) de rôti d'épaule de porc, en 4 morceaux égaux

3 gousses d'ail, émincées

15 ml (1 c. à s.) de fumée liquide

500 ml (2 tasses) d'eau, divisées

15 ml (1 c. à s.) de sel de mer noir hawaïen ou de sel de mer rouge hawaïen

500 ml (2 tasses) de chou, râpé

Ce porc tendre et fumé contient toutes les vibrantes saveurs du luau hawaïen ! Avec du chou en accompagnement, cette recette, à très faible teneur en glucides, est aussi en accord avec le régime paléo.

1 Sélectionner **Sauté (Normal)**, puis ajouter l'huile d'olive dans le récipient intérieur de l'autocuiseur. Une fois l'huile chaude, ajouter les morceaux de porc et griller 3 à 5 minutes par côté, ou jusqu'à ce qu'ils soient dorés. Transférer le porc dans une assiette et mettre en attente. Appuyer sur **Cancel (Annuler)** pour éteindre l'appareil.

2 Ajouter l'ail, la fumée liquide et 375 ml (1½ tasse) d'eau dans le récipient intérieur. Brasser pour combiner.

3 Remettre le porc dans le récipient, puis saler le dessus.

4 Couvrir, verrouiller le couvercle, puis placer la valve de libération de la vapeur en position blocage. Sélectionner **Pressure Cook (High)/Cuisson sous pression (Élevée)**, puis régler le temps de cuisson à **1 heure** (vous pourriez devoir augmenter le temps de cuisson pour un rôti plus gros).

5 Une fois le temps de cuisson complété, laisser la pression se libérer naturellement (20 minutes environ).

6 Ouvrir le couvercle, puis transférer le porc dans une grande assiette. Avec 2 fourchettes, effilocher le porc. Mettre en attente.

7 Ajouter le chou râpé et le reste d'eau dans le liquide du récipient. Brasser.

8 Couvrir, verrouiller le couvercle, puis placer la valve de libération de la vapeur en position blocage. Sélectionner **Pressure Cook (High)/Cuisson sous pression (Élevée)**, puis régler le temps de cuisson à **2 minutes**. Une fois le temps de cuisson complété, évacuer rapidement la pression.

9 Transférer le chou dans l'assiette de service avec le porc. Servir chaud.

Conseil *Si vous ne pouvez trouver de sels hawaïens noir ou rouge chez votre épicier, remplacez par une égale quantité de sel grossièrement moulu rose himalayen ou cachère.*

Valeur nutritive par portion
CALORIES : 389 **LIPIDES :** 27 g **GLUCIDES NETS :** 1 g **PROTÉINES :** 34 g

RAGOÛT DE BŒUF RICHE ET COPIEUX

Ce ragoût corsé et copieux est réconfortant et très satisfaisant par une froide soirée. Pour conserver sa faible teneur en glucides, on le prépare sans pommes de terre, mais vous ne les regretterez pas dans ce ragoût succulent.

PORTIONS : 6
PAR PERSONNE : 250 ML (1 TASSE)

PRÉPARATION : 5 MINUTES
TEMPS SOUS PRESSION : 35 MINUTES
TOTAL : 1 HEURE

RÉGLAGE : SAUTÉ/MEAT/STEW (SAUTÉ/VIANDE/RAGOÛT)
LIBÉRATION : NATURAL/QUICK (NATURELLE/RAPIDE)

- 450 g (1 lb) de rôti de palette, en cubes de 2,5 cm (1 po)
- 10 ml (2 c. à t.) de fécule d'arrow-root
- 23 ml (1½ c. à s.) d'huile d'olive
- 250 ml (1 tasse) de courgettes, hachées
- 250 ml (1 tasse) de champignons, hachés
- 3 branches de céleri, tranchées
- 125 ml (½ tasse) de carottes, en rondelles
- 2 gousses d'ail, émincées
- 175 ml (¾ tasse) de sauce tomate, sans sucre ajouté
- 1 l (4 tasses) de bouillon de bœuf
- 15 ml (1 c. à s.) de thym séché
- 15 ml (1 c. à s.) de paprika
- 13 ml (2½ c. à t.) de sel de mer, moulu finement
- 5 ml (1 c. à t.) de poivre noir moulu
- 5 ml (1 c. à t.) de romarin séché
- 5 ml (1 c. à t.) de persil séché
- 5 ml (1 c. à t.) de poudre d'ail
- 5 ml (1 c. à t.) de graines de céleri
- 5 ml (1 c. à t.) de poudre d'oignon

1. Dans un grand bol, combiner le rôti de palette et arrow-root. Avec une grande cuillère, tourner et enrober la viande de poudre. Mettre en attente.
2. Sélectionner **Sauté (Normal)**, puis ajouter l'huile d'olive dans le récipient. Une fois l'huile chaude, ajouter la viande et sauter en brassant sans arrêt 5 minutes, ou jusqu'à ce qu'elle soit dorée sur tous les côtés.
3. Ajouter le reste des ingrédients. Bien brasser pour combiner.
4. Couvrir, verrouiller le couvercle, puis placer la valve de libération de la vapeur en position blocage. Sélectionner **Meat/Stew (High)/Viande/Ragoût (Élevée)**, puis régler le temps de cuisson à **35 minutes**.
5. Une fois le temps de cuisson complété, laisser la pression se libérer naturellement 15 minutes, puis évacuer rapidement la pression résiduelle.
6. Ouvrir le couvercle, brasser, puis avec une louche, transférer le ragoût dans des bols. Servir chaud.

Conseil *Pour augmenter l'aspect nutritionnel, remplacez le bouillon de bœuf par un Bouillon d'os maison (voir page 81).*

Valeur nutritive par portion
CALORIES : 300 **LIPIDES :** 20 g **GLUCIDES NETS :** 8 g **PROTÉINES :** 17 g

MINESTRONE AUX BOULETTES DE VIANDE

PORTIONS : 6
PAR PERSONNE : 250 ML (1 TASSE)

PRÉPARATION : 10 MINUTES
TEMPS SOUS PRESSION : 15 MINUTES
TOTAL : 50 MINUTES

RÉGLAGE : SAUTÉ/PRESSURE COOK (SAUTÉ/CUISSON SOUS PRESSION)
LIBÉRATION : NATURAL/QUICK (NATURELLE/RAPIDE)

Cette soupe chaude et réconfortante contient des légumes et des boulettes de viande maison dans un savoureux bouillon. La pancetta ajoute une riche saveur fumée à cette version cétogène de soupe italienne classique.

- 450 g (1 lb) de bœuf haché
- 23 ml (1½ c. à s.) de farine de lin doré
- 1 gros œuf
- 60 ml (¼ tasse) de sauce tomate, sans sucre ajouté
- 80 ml (⅓ tasse) de mozzarella, râpée
- 23 ml (1½ c. à s.) d'assaisonnement italien, divisé
- 8 ml (1½ c. à t.) de poudre d'ail, divisée
- 8 ml (1½ c. à t.) de sel de mer, moulu finement, divisé
- 15 ml (1 c. à s.) d'huile d'olive
- ½ oignon jaune moyen, émincé
- 2 gousses d'ail, émincées
- 60 ml (¼ tasse) de pancetta, en dés
- 250 ml (1 tasse) de courgettes, tranchées
- 250 ml (1 tasse) de courgettes jaunes, tranchées
- 125 ml (½ tasse) de carottes, en rondelles
- 1 boîte (400 g/14 oz) de tomates en dés
- 1 l (4 tasses) de bouillon de bœuf
- 3 ml (½ c. à t.) de poivre noir moulu
- 45 ml (3 c. à s.) de parmesan, râpé

1. Préchauffer le four à 200 °C (400 °F), puis tapisser une grande plaque à pâtisserie de papier d'aluminium.
2. Dans un grand bol, combiner bœuf haché, farine de lin, œuf, sauce tomate, mozzarella, 8 ml (½ c. à s.) d'assaisonnement italien, 3 ml (½ c. à t.) de poudre d'ail et 3 ml (½ c. à t.) de sel. Avec les mains, mêler les ingrédients jusqu'à l'obtention d'un mélange homogène.
3. Préparer une boulette de viande en façonnant 15 ml (1 c. à s.) comble de mélange en boule que vous déposez sur la plaque préparée. Répéter avec le reste du mélange.
4. Mettre les boulettes de viande dans le four et cuire 15 minutes. Une fois la cuisson complétée, retirer du four et mettre en attente.
5. Sélectionner **Sauté (Normal)**. Une fois le récipient chaud, ajouter l'huile d'olive, l'oignon, l'ail et la pancetta. Sauter en brassant sans arrêt 2 minutes, ou jusqu'à ce que l'ail soit parfumé et que l'oignon commence à ramollir.
6. Ajouter courgettes, courgettes jaunes et carottes. Sauter 3 minutes de plus.
7. Ajouter tomates en dés, bouillon de bœuf, poivre noir et restes de poudre d'ail, sel de mer et assaisonnement italien. Brasser pour combiner, puis ajouter les boulettes de viande.
8. Couvrir, verrouiller le couvercle, puis placer la valve de libération de la vapeur en position blocage. Sélectionner **Pressure Cook (High)/Cuisson sous pression (Élevée)**, puis régler le temps de cuisson à **15 minutes**.
9. Une fois le temps de cuisson complété, laisser la pression se libérer naturellement 10 minutes, puis évacuer rapidement la pression résiduelle.
10. Ouvrir le couvercle, brasser délicatement la soupe. Avec une louche, transférer dans des bols, garnir chacun de 8 ml (½ c. à s.) de parmesan, puis servir chaud.

Conseil *Cuire les boulettes de viande au four assure qu'elles ne se décomposeront pas dans la soupe.*

Valeur nutritive par portion
CALORIES : 300 **LIPIDES :** 18 g **GLUCIDES NETS :** 7 g **PROTÉINES :** 23 g

PORTIONS : 5
PAR PERSONNE : 250 ML (1 TASSE)

PRÉPARATION : 5 MINUTES
TEMPS SOUS PRESSION : 13 MINUTES
TOTAL : 50 MINUTES

RÉGLAGE : PRESSURE COOK (CUISSON SOUS PRESSION)
LIBÉRATION : QUICK (RAPIDE)

SOUPE AU POULET ET RIZ DE CHOU-FLEUR

Chaude et réconfortante, cette version cétogène de soupe au poulet et riz a une teneur beaucoup plus faible en glucides que la version traditionnelle. Le secret : remplacer le riz blanc par du riz de chou-fleur.

- 500 ml (2 tasses) de fleurons de chou-fleur
- 450 g (1 lb) de cuisses de poulet, désossées et sans la peau
- 1,125 l (4½ tasses) de bouillon de poulet
- 15 ml (1 c. à s.) de gélatine en poudre, non aromatisée
- ½ oignon jaune, haché
- 2 gousses d'ail, émincées
- 10 ml (2 c. à t.) de sel de mer, moulu finement
- 3 ml (½ c. à t.) de poivre noir moulu
- 125 ml (½ tasse) de courgettes, tranchées
- 3 branches de céleri, hachées
- 80 ml (⅓ tasse) de carottes, en rondelles
- 5 ml (1 c. à t.) de persil séché
- 5 ml (1 c. à t.) de thym séché
- 5 ml (1 c. à t.) de curcuma moulu
- 3 ml (½ c. à t.) de marjolaine séchée
- 3 ml (½ c. à t.) d'origan séché

1. Mettre les fleurons de chou-fleur dans un robot culinaire et, en utilisant la fonction Pulse, mixer jusqu'à l'obtention d'une consistance semblable à du riz. Mettre en attente.
2. Mettre dans le récipient de l'autocuiseur cuisses de poulet, bouillon de poulet, gélatine en poudre, oignon, ail, sel de mer et poivre noir. Brasser délicatement pour combiner.
3. Couvrir, verrouiller le couvercle, puis placer la valve de libération de la vapeur en position blocage. Sélectionner **Pressure Cook (High)/Cuisson sous pression (Élevée)**, puis régler le temps de cuisson à **10 minutes**.
4. Une fois le temps de cuisson complété, libérer la pression rapidement, puis ouvrir le couvercle.
5. Transférer seulement les cuisses de poulet sur une planche à découper. Hacher le poulet en bouchées, puis remettre dans le récipient.
6. Ajouter riz de chou-fleur et le reste des ingrédients dans le récipent. Brasser pour combiner.
7. Couvrir, verrouiller le couvercle, puis placer la valve de libération de la vapeur en position blocage. Sélectionner **Pressure Cook (High)/Cuisson sous pression (Élevée)**, puis régler le temps de cuisson à **3 minutes.** Une fois le temps de cuisson complété, libérer la pression rapidement.
8. Ouvrir le couvercle. Avec une louche, transférer la soupe dans des bols, puis servir chaud.

Conseil *Si vous utilisez des cuisses de poulet surgelées non décongelées, augmentez à 20 minutes le temps de cuisson à l'étape 3.*

Valeur nutritive par portion
CALORIES : 180 **LIPIDES :** 14 g **GLUCIDES NETS :** 4 g **PROTÉINES :** 25 g

ADOBO DE POULET À LA PHILIPPINE

Ce plat contient du poulet tendre et juteux dans un bouillon savoureux et acidulé aux arômes complexes. Mets classique d'inspiration philippine, il est simple et facile à préparer avec l'autocuiseur.

PORTIONS : 4
PAR PERSONNE : 150 ML (2/3 TASSE) DE POULET ET 80 ML (1/3 TASSE) DE SAUCE

PRÉPARATION : 4 MINUTES
TEMPS SOUS PRESSION : 7 MINUTES
TOTAL : 21 MINUTES

RÉGLAGE : SAUTÉ/PRESSURE COOK (SAUTÉ/CUISSON SOUS PRESSION)
LIBÉRATION : NATURAL/QUICK (NATURELLE/RAPIDE)

- 150 ml (2/3 tasse) de bouillon de poulet
- 80 ml (1/3 tasse) de sauce tamari
- 80 ml (1/3 tasse) de vinaigre blanc
- 15 ml (1 c. à s.) d'huile d'olive
- 900 g (2 lb) de cuisses de poulet, désossées et sans la peau
- 3 gousses d'ail, émincées
- 5 ml (1 c. à t.) de grains de poivre noir
- 2 feuilles de laurier

1. Dans un bol moyen, combiner le bouillon de poulet, la sauce tamari et le vinaigre. Mêler, puis mettre en attente.
2. Sélectionner **Sauté (Normal)**, puis ajouter l'huile d'olive dans le récipient.
3. Une fois l'huile chaude, ajouter les cuisses de poulet et sauter 2 minutes de chaque côté ou jusqu'à ce qu'elles soient dorées.
4. Ajouter l'ail, le mélange de bouillon de poulet, les grains de poivre et les feuilles de laurier.
5. Couvrir, verrouiller le couvercle, puis placer la valve de libération de la vapeur en position blocage. Sélectionner **Pressure Cook (High)/Cuisson sous pression (Élevée)**, puis régler le temps de cuisson à **7 minutes**.
6. Une fois le temps de cuisson complété, laisser la pression se libérer naturellement 10 minutes, puis évacuer rapidement la pression résiduelle.
7. Ouvrir le couvercle et brasser. Retirer et jeter les feuilles de laurier. Avec une fourchette, défaire le poulet en bouchées. Transférer dans une assiette de service et servir chaud.

Conseil *Pour une recette sans soya, remplacez la sauce tamari par la sauce aminos de coco.*

Valeur nutritive par portion
CALORIES : 360 **LIPIDES :** 20 g **GLUCIDES NETS :** 2 g **PROTÉINES :** 40 g

SOUPE COPIEUSE BACON ET HAMBURGER AU FROMAGE

Riche, nourrissante et satisfaisante, cette soupe goûte le hamburger au fromage sans tous les glucides du pain ! Le bacon ajoute une robuste saveur fumée à cette soupe sans gluten et à faible teneur en glucides.

PORTIONS : 8
PAR PERSONNE : 250 ML (1 TASSE)

PRÉPARATION : 5 MINUTES
TEMPS SOUS PRESSION : 15 MINUTES
TOTAL : 24 MINUTES

RÉGLAGE : SAUTÉ/PRESSURE COOK (SAUTÉ/CUISSON SOUS PRESSION)
LIBÉRATION : QUICK (RAPIDE)

- 175 ml (¾ tasse) de boisson d'amandes non sucrée
- ½ oignon jaune moyen, pelé et haché
- 2 gousses d'ail, émincées
- 1 boîte (800 g/28 oz) de tomates en dés
- 1 boîte (170 g/6 oz) de concentré de tomates, sans sucre ajouté
- 3 ml (½ c. à t.) d'origan séché
- 3 ml (½ c. à t.) de basilic séché
- 3 ml (½ c. à t.) de paprika
- 5 ml (1 c. à t.) de sel de mer, moulu finement
- 3 ml (½ c. à t.) de poivre noir moulu
- 15 ml (1 c. à s.) d'huile d'olive
- 450 g (1 lb) de bœuf haché
- 5 tranches de bacon, cuit et haché
- 750 ml (3 tasses) de bouillon de bœuf
- 250 ml (1 tasse) de courgettes, tranchées
- 250 ml (1 tasse) de courgettes jaunes, tranchées
- 250 ml (1 tasse) de champignons, tranchés
- 80 ml (⅓ tasse) de crème 35 % de matières grasses
- 125 ml (½ tasse) de cheddar, râpé

1. Dans un mélangeur ou un robot culinaire, combiner boisson d'amandes, oignon, ail, tomates en dés, concentré de tomates, origan, basilic, paprika, sel de mer et poivre noir. Mixer jusqu'à l'obtention d'une consistance onctueuse. Mettre en attente.
2. Sélectionner **Sauté (Normal)**, puis ajouter l'huile d'olive dans le récipient. Une fois l'huile chaude, défaire le bœuf haché dans le récipient. Sauter en brassant sans arrêt 2 minutes, ou jusqu'à ce que le bœuf soit doré.
3. Placer une grande passoire au-dessus d'un bol résistant à la chaleur. Retirer prudemment le récipient interne de la base, puis transférer le bœuf haché dans la passoire pour égoutter tout excès de gras. Remettre le bœuf haché dans le récipient et ajouter le bacon. Brasser.
4. Ajouter le mélange aux tomates et le bouillon de bœuf. Brasser. Ajouter courgettes, courgettes jaunes et champignons. Brasser de nouveau, puis appuyer sur **Cancel (Annuler)** pour éteindre l'appareil.
5. Couvrir, verrouiller le couvercle, puis placer la valve de libération de la vapeur en position blocage. Sélectionner **Pressure Cook (High)/Cuisson sous pression (Élevée)**, puis régler le temps de cuisson à **15 minutes**. Une fois le temps de cuisson complété, libérer la pression rapidement.
6. Ouvrir le couvercle. Ajouter la crème et brasser jusqu'à ce qu'elle soit bien incorporée. Remettre le couvercle et laisser la soupe réchauffer dans le récipient 4 à 5 minutes.
7. Ouvrir le couvercle et, avec une louche, transférer la soupe dans des bols. Garnir chacun de 15 ml (1 c. à s.) de cheddar. Servir chaud.

Conseil *Pour une recette sans lait, remplacez la crème par 80 ml (⅓ tasse) de crème de noix de coco et le cheddar par 125 ml (½ tasse) de fromage d'amandes.*

Valeur nutritive par portion
CALORIES : 285 **LIPIDES :** 17 g **GLUCIDES NETS :** 9 g **PROTÉINES :** 19 g

SOUPE AUX CREVETTES À LA THAÏLANDAISE

PORTIONS : 6
PAR PERSONNE : 250 ML (1 TASSE)

PRÉPARATION : 5 MINUTES
TEMPS SOUS PRESSION : 5 MINUTES
TOTAL : 18 MINUTES

RÉGLAGE : SAUTÉ/PRESSURE COOK/SAUTÉ (SAUTÉ/CUISSON SOUS PRESSION/SAUTÉ)
LIBÉRATION : NATURAL/QUICK (NATURELLE/RAPIDE)

Dans cette soupe crémeuse les crevettes baignent dans un riche bouillon aux arômes de noix de coco, lime et citronnelle parfumée. À faible teneur en glucides, elle offre un savant mélange de saveurs et d'épices thaïlandaises.

- 30 ml (2 c. à s.) de beurre non salé, divisé
- 225 g (½ lb) de crevettes moyennes, non cuites, décortiquées et déveinées
- ½ oignon jaune moyen, en dés
- 2 gousses d'ail, émincées
- 1 l (4 tasses) de bouillon de poulet
- 30 ml (2 c. à s.) de jus de lime
- 30 ml (2 c. à s.) de nuoc-mâm
- 13 ml (2½ c. à t.) de pâte de cari rouge
- 30 ml (2 c. à s.) de sauce tamari
- 1 tige de citronnelle, extérieur enlevé, broyée et finement hachée
- 250 ml (1 tasse) de champignons de Paris, tranchés
- 15 ml (1 c. à s.) de racine de gingembre, fraîchement râpée
- 5 ml (1 c. à t.) de sel de mer, moulu finement
- 3 ml (½ c. à t.) de poivre noir moulu
- 1 boîte (400 ml/13,5 oz) de lait de coco entier, non sucré
- 45 ml (3 c. à s.) de coriandre fraîche, hachée

1. Sélectionner **Sauté (Normal)**. Une fois le récipient chaud, ajouter 15 ml (1 c. à s.) de beurre.
2. Une fois le beurre fondu, ajouter les crevettes et sauter en brassant sans arrêt 3 minutes, ou jusqu'à ce qu'elles soient opaques. Transférer immédiatement dans un bol moyen. Mettre en attente.
3. Ajouter le reste de beurre dans le récipient. Une fois le beurre fondu, ajouter l'oignon et l'ail, puis sauter 2 minutes, ou jusqu'à ce que l'ail soit parfumé et que l'oignon commence à ramollir. Appuyer sur **Cancel/Annuler** pour éteindre l'appareil.
4. Ajouter dans le récipient bouillon de poulet, jus de lime, nuoc-mâm, pâte de cari rouge, sauce tamari, citronnelle, champignons, racine de gingembre, sel de mer et poivre noir. Bien mêler.
5. Couvrir, verrouiller le couvercle, puis placer la valve de libération de la vapeur en position blocage. Sélectionner **Pressure Cook (High)/Cuisson sous pression (Élevée)**, puis régler le temps de cuisson à **5 minutes**.
6. Une fois le temps de cuisson complété, laisser la pression se libérer naturellement 5 minutes, puis évacuer rapidement la pression résiduelle.
7. Ouvrir le couvercle. Ajouter les crevettes et le lait de coco. Brasser.
8. Sélectionner **Sauté (High)/Sauté (Élevée)**. Attendre l'ébullition puis appuyer sur **Cancel (Annuler)**. Laisser la soupe reposer 2 minutes.
9. Avec une louche, transférer dans des bols. Parsemer de coriandre fraîche et servir chaud.

Conseil *Pour une recette sans soya, remplacez la sauce tamari par 30 ml (2 c. à s.) de sauce aminos de coco.*

Pour une recette sans lait, remplacez le beurre par 30 ml (2 c. à s.) d'huile d'avocat.

Valeur nutritive par portion
CALORIES : 200 **LIPIDES :** 11 g **GLUCIDES NETS :** 4 g **PROTÉINES :** 13 g

SOUPE AU POULET ÉPICÉE À LA MEXICAINE

Cette soupe au poulet et au fromage réconfortante, légèrement épicée et débordante de saveur est à faible teneur en glucides, sans gluten et riche en épices chaudes. Les gras sains qu'elle contient aideront à vous sentir rassasié plus longtemps.

PORTIONS : 6
PAR PERSONNE : 250 ML (1 TASSE)

PRÉPARATION : 5 MINUTES
TEMPS SOUS PRESSION : 20 MINUTES
TOTAL : 40 MINUTES

RÉGLAGE : PRESSURE COOK/SAUTÉ (CUISSON SOUS PRESSION/SAUTÉ)
LIBÉRATION : NATURAL/QUICK (NATURELLE/RAPIDE)

- 750 ml (3 tasses) de bouillon de poulet
- 325 ml (1⅓ tasse) de salsa avec morceaux
- 5 ml (1 c. à t.) de sel de mer, moulu finement
- 5 ml (1 c. à t.) de poudre d'ail
- 3 ml (½ c. à t.) de poudre de chipotle
- 3 ml (½ c. à t.) de poivre noir moulu
- 3 ml (½ c. à t.) de coriandre moulue
- 3 ml (½ c. à t.) de cumin moulu
- 3 ml (½ c. à t.) de persil séché
- 450 g (1 lb) de cuisses de poulet, désossées et sans la peau
- 225 g (8 oz) de fromage à la crème ferme, ramolli et en dés
- 125 ml (½ tasse) de fromage Monterey Jack
- 60 ml (¼ tasse) de queso fresco, émietté
- 30 ml (2 c. à s.) de coriandre fraîche hachée, pour garnir (facultatif)

1. Dans le récipient intérieur de l'autocuiseur, combiner bouillon de poulet, salsa, sel de mer, poudre d'ail, poudre de chipotle, poivre noir, coriandre, cumin et persil. Brasser pour bien combiner. Ajouter les cuisses de poulet dans le récipient.
2. Couvrir, verrouiller le couvercle, puis placer la valve de libération de la vapeur en position blocage. Sélectionner **Pressure Cook (High)/Cuisson sous pression (Élevée)**, puis régler le temps de cuisson à **20 minutes**.
3. Une fois le temps de cuisson complété, laisser la pression se libérer naturellement 10 minutes, puis évacuer rapidement la pression résiduelle.
4. Ouvrir le couvercle puis, avec une cuillère à égoutter, transférer les cuisses de poulet sur une planche à découper. Avec 2 fourchettes, effilocher le poulet. Remettre le poulet dans le récipient. Brasser pour combiner.
5. Sélectionner **Sauté (High)/Sauté (Élevée)**. Amener la soupe à ébullition, puis ajouter le fromage à la crème. Fouetter sans arrêt jusqu'à ce que le fromage soit fondu (de petits morceaux de fromage à la crème non fondus peuvent demeurer, c'est parfait).
6. Appuyer sur **Cancel (Annuler)** pour éteindre l'appareil. Ajouter le Monterey Jack et brasser jusqu'à ce qu'il soit fondu dans la soupe.
7. Avec une louche, transférer dans des bols. Parsemer chaque bol de 8 ml (½ c. à s.) de queso fresco, puis garnir de 5 ml (1 c. à t.) de coriandre (si désiré). Servir chaud.

Conseil *Vous pouvez utiliser une salsa douce, moyenne ou forte pour ajuster le piquant à votre goût.*

Valeur nutritive par portion
CALORIES : 317 **LIPIDES :** 21 g **GLUCIDES NETS :** 6 g **PROTÉINES :** 23 g

SOUPE AU POULET PIMENT ET LIME À LA MEXICAINE

PORTIONS : 5
PAR PERSONNE : 250 ML (1 TASSE)

PRÉPARATION : 10 MINUTES
TEMPS SOUS PRESSION : 20 MINUTES
TOTAL : 50 MINUTES

RÉGLAGE : SAUTÉ/PRESSURE COOK (SAUTÉ/CUISSON SOUS PRESSION)
LIBÉRATION : NATURAL/QUICK (NATURELLE/RAPIDE)

Inspirée du Yucatan, cette version à faible teneur en glucides de la Sopa de Lima apporte à votre table les alléchantes saveurs aux notes d'épices et de lime de Riviera Maya.

- 30 ml (2 c. à s.) d'huile d'olive
- 450 g (1 lb) de cuisses de poulet, désossées, sans la peau et en bouchées
- ½ oignon jaune moyen, en dés
- 4 gousses d'ail, émincées
- 2 jalapeños, tige enlevée, épépinés et hachés
- 125 ml (½ tasse) de tomates fraîches, en dés
- 1,25 l (5 tasses) de bouillon de poulet
- Jus de 2 limes
- 10 ml (2 c. à t.) de sel de mer, moulu finement
- 5 ml (1 c. à t.) de poudre de chili
- 3 ml (½ c. à t.) de poudre d'ail
- 1 ml (¼ c. à t.) de poivre noir moulu
- 1 avocat moyen, haché
- 80 ml (⅓ tasse) de fromage Montery Jack
- 30 ml (2 c. à s.) de coriandre fraîche, hachée (facultatif)

1. Sélectionner **Sauté (Normal)**, puis ajouter l'huile d'olive dans le récipient intérieur. Une fois l'huile chaude, ajouter le poulet et sauter 3 minutes par côté, ou jusqu'à ce qu'il soit doré.
2. Ajouter l'oignon, l'ail et les jalapeños. Sauter toujours, en brassant sans arrêt, jusqu'à ce que les légumes commencent à attendrir.
3. Ajouter les tomates en dés, le bouillon de poulet, le jus de lime, le sel de mer, la poudre de chili, la poudre d'ail et le poivre noir. Bien mêler.
4. Couvrir, verrouiller le couvercle, puis placer la valve de libération de la vapeur en position blocage. Sélectionner **Pressure Cook (High)/Cuisson sous pression (Élevée)**, puis régler le temps de cuisson à **20 minutes**.
5. Une fois le temps de cuisson complété, laisser la pression se libérer naturellement 15 minutes, puis évacuer rapidement la pression résiduelle.
6. Ouvrir le couvercle puis, avec une louche, transférer la soupe dans des bols. Garnir chacun d'une égale quantité d'avocat, de Montery Jack et de coriandre (si désiré). Servir chaud.

Conseil *Pour une recette sans lait, remplacez le Montery Jack par 80 ml (⅓ tasse) de fromage d'amandes ou omettez simplement le fromage.*

Si vous préférez une version moins piquante, remplacez les jalapeños par des piments plus doux.

Valeur nutritive par portion
CALORIES : 285 **LIPIDES :** 16 g **GLUCIDES NETS :** 3 g **PROTÉINES :** 25 g

SOUPE AUX POIVRONS ROUGES RÔTIS ET TOMATES

PORTIONS : 8
PAR PERSONNE : 250 ML (1 TASSE)

PRÉPARATION : 5 MINUTES
TEMPS SOUS PRESSION : 8 MINUTES
TOTAL : 26 MINUTES

RÉGLAGE : SAUTÉ/PRESSURE COOK (SAUTÉ/CUISSON SOUS PRESSION
LIBÉRATION : NATURAL/QUICK (NATURELLE/RAPIDE)

Chaude et réconfortante, cette soupe crémeuse et colorée à faible teneur en glucides regorge de saveur. Ici, le goût poivré et fumé des poivrons rôtis est contrebalancé par la sucrosité des tomates.

- 30 ml (2 c. à s.) de beurre
- ½ oignon jaune moyen, haché finement
- 2 gousses d'ail, émincées
- 2 branches de céleri, hachées finement
- 125 ml (½ tasse) de carottes, hachées finement
- 1 l (4 tasses) de bouillon de poulet
- 1 boîte (800 g/28 oz) de tomates en dés
- 45 ml (3 c. à s.) de concentré de tomates
- 1 pot (340 g /12 oz) de poivrons rouges rôtis et en lanières, égouttés
- 125 ml (½ tasse) de crème 35 % de matières grasses
- 8 ml (1½ c. à t.) de mélange édulcorant érythritol-oligosaccharides en granules
- 10 ml (2 c. à t.) de sel de mer, moulu finement
- 3 ml (½ c. à t.) de poivre noir moulu
- 30 ml (2 c. à s.) de crème sure riche en matière grasse (facultatif)

1. Sélectionner **Sauté (Normal)**. Une fois le récipient chaud, ajouter le beurre.
2. Une fois le beurre fondu, ajouter l'oignon, l'ail, le céleri et les carottes dans le récipient. Sauter 3 minutes, ou jusqu'à ce que l'ail soit parfumé et que les oignons commencent à ramollir.
3. Ajouter le bouillon de poulet, les tomates en dés (avec leur jus), le concentré de tomates et les poivrons rouges rôtis. Bien mêler.
4. Couvrir, verrouiller le couvercle, puis placer la valve de libération de la vapeur en position blocage. Sélectionner **Pressure Cook (High)/Cuisson sous pression (Élevée)**, puis régler le temps de cuisson à **8 minutes**.
5. Une fois le temps de cuisson complété, laisser la pression se libérer naturellement 10 minutes, puis évacuer rapidement la pression résiduelle.
6. Ouvrir le couvercle, puis ajouter la crème et l'édulcorant. Avec un mélangeur à immersion, mettre la soupe en purée jusqu'à l'obtention d'une consistance onctueuse et sans grumeaux.
7. Avec une louche, transférer la soupe dans des bols. Saler et poivrer, puis garnir chacun de 5 ml (1 c. à t.) de crème sure (si désiré). Servir chaud.

Conseil *Pour une recette sans lait, remplacez la crème par 125 ml (½ tasse) de lait de coco entier et le beurre par 30 ml (2 c. à s.) d'huile d'avocat.*

Valeur nutritive par portion
CALORIES : 220 **LIPIDES :** 14 g **GLUCIDES NETS :** 8 g **PROTÉINES :** 5 g

CHILI AU BŒUF ET AUX LÉGUMES

Ce chili sans haricots, consistant et nutritif, contient des épices intenses et parfumées, du bœuf tendre et des légumes riches en nutriments pour vous rassasier. L'autocuiseur cuit merveilleusement ce mets riche et substantiel !

PORTIONS : 5
PAR PERSONNE : 150 ML (⅔ TASSE) AVEC GARNITURES

PRÉPARATION : 5 MINUTES
TEMPS SOUS PRESSION : 25 MINUTES
TOTAL : 45 MINUTES

RÉGLAGE : SAUTÉ/PRESSURE COOK (SAUTÉ/CUISSON SOUS PRESSION)
LIBÉRATION : NATURAL/QUICK (NATURELLE/RAPIDE)

- 8 ml (½ c. à s.) d'huile d'olive
- 565 g (1¼ lb) de bœuf haché
- ½ oignon jaune moyen, haché
- 2 gousses d'ail, émincées
- 23 ml (1½ c. à s.) de poudre de chili
- 10 ml (2 c. à t.) de cumin moulu
- 5 ml (1 c. à t.) de sel de mer, moulu finement
- 5 ml (1 c. à t.) de paprika fumé
- 5 ml (1 c. à t.) de poudre d'ail
- 1 ml (¼ c. à t.) de poudre de coriandre
- 0,5 ml (⅛ c. à t.) de poivre de Cayenne
- 150 ml (⅔ tasse) d'eau
- 375 ml (1½ tasse) de tomates en dés, en conserve
- 60 ml (¼ tasse) de concentré de tomates
- 150 ml (⅔ tasse) de chou-fleur, haché finement
- 250 ml (1 tasse) de courgettes, en dés
- 150 ml (⅔ tasse) de cheddar, râpé
- ½ avocat moyen, haché
- 40 ml (2½ c. à s.) de crème sure riche en matière grasse

1. Sélectionner **Sauté (Normal)**. Une fois le récipient chaud, ajouter l'huile d'olive et le bœuf haché. Sauter 6 minutes ou jusqu'à ce que le bœuf soit doré. Utiliser une cuillère en bois pour brasser et défaire la viande.
2. Ajouter l'oignon et l'ail dans le récipient. Sauter 3 minutes, en brassant de temps à autre, jusqu'à ce que l'ail soit parfumé et que l'oignon commence à ramollir.
3. Ajouter poudre de chili, cumin, sel de mer, paprika, poudre d'ail, poudre de coriandre, poivre de Cayenne, eau, tomates en dés (et leur jus), concentré de tomates, chou-fleur et courgettes dans le récipient. Bien mêler.
4. Couvrir, verrouiller le couvercle, puis placer la valve de libération de la vapeur en position blocage. Sélectionner **Pressure Cook (High)/Cuisson sous pression (Élevée)**, puis régler le temps de cuisson à **25 minutes**.
5. Une fois le temps de cuisson complété, laisser la pression se libérer naturellement 10 minutes, puis évacuer rapidement la pression résiduelle.
6. Ouvrir le couvercle et brasser. Avec une louche, transférer le chili dans des bols. Garnir chacun de 30 ml (2 c. à s.) de cheddar, 30 ml (2 c. à s.) d'avocat et 8 ml (½ c. à s.) de crème sure. Servir chaud.

Conseil *Pour une recette sans lait, remplacez le cheddar par une égale quantité de fromage d'amandes et omettez la crème sure.*

Valeur nutritive par portion
CALORIES : 420 **LIPIDES :** 30 g **GLUCIDES NETS :** 7 g **PROTÉINES :** 26 g

CRÈME DE CITROUILLE

Réconfortante, crémeuse et savoureuse, cette soupe à la citrouille classique est à faible teneur en glucides et simple à préparer dans l'autocuiseur. La citrouille est naturellement faible en glucides, mais n'attendez pas l'automne pour savourer cette soupe.

PORTIONS : 5
PAR PERSONNE : 250 ML (1 TASSE)

PRÉPARATION : 5 MINUTES
CUISSON : 5 MINUTES
TOTAL : 18 MINUTES

RÉGLAGE : SAUTÉ (SAUTÉ)
LIBÉRATION : AUCUNE

45 ml (3 c. à s.) de beurre non salé

15 ml (1 c. à s.) d'huile d'olive

½ oignon jaune moyen, haché

2 gousses d'ail, hachées grossièrement

1 boîte (420 g/15 oz) de purée de citrouille, sans sucre ajouté

750 ml (3 tasses) de bouillon de poulet

10 ml (2 c. à t.) de sel de mer, moulu finement

3 ml (½ c. à t.) de poivre noir moulu

150 ml (⅔ tasse) de crème 35 % de matières grasses

45 ml (3 c. à s.) de crème sure (facultatif)

1. Sélectionner **Sauté (Normal)**. Une fois le récipient chaud, ajouter le beurre et l'huile d'olive.
2. Une fois le beurre fondu, ajouter l'oignon et l'ail. Sauter 4 minutes, ou jusqu'à ce que l'ail soit parfumé et que l'oignon commence à ramollir.
3. Ajouter la purée de citrouille, le bouillon de poulet, le sel de mer et le poivre noir. Bien mêler.
4. Avec un mélangeur à immersion ou un batteur à main, mixer jusqu'à l'obtention d'une consistance onctueuse, sans grumeaux. Appuyer sur **Cancel (Annuler)** pour éteindre l'appareil. Brasser.
5. Laisser la soupe refroidir légèrement dans le récipient 3 minutes, puis ajouter en brassant la crème. (S'assurer de laisser la soupe refroidir avant d'ajouter la crème.)
6. Avec une louche, transférer la soupe dans des bols. Garnir chacun de 8 ml (½ c. à s.) de crème sure (si désiré). Servir chaud.

Conseil *Pour une recette sans lait, omettez la crème sure et remplacez le beurre par 45 ml (3 c. à s.) d'huile d'avocat et la crème par 150 ml (⅔ tasse) de lait de coco entier.*

Valeur nutritive par portion
CALORIES : 283 **LIPIDES :** 24 g **GLUCIDES NETS :** 7 g **PROTÉINES :** 5 g

RAGOÛT DE STYLE CHOU FARCI

PORTIONS : 6
PAR PERSONNE :
175 ML (¾ TASSE) ET 30 ML
(2 C. À S.) DE MOZZARELLA

PRÉPARATION : 8 MINUTES
TEMPS SOUS PRESSION : 22 MINUTES
TOTAL : 50 MINUTES

RÉGLAGE : SAUTÉ/PRESSURE COOK (SAUTÉ/CUISSON SOUS PRESSION)
LIBÉRATION : NATURAL/QUICK (NATURELLE/RAPIDE)

Chaud et réconfortant, ce ragoût cétogène savoureux offre la saveur et le goût incomparables des cigares au chou, sans tout le travail qu'exigerait la recette. Il déborde d'ingrédients sains.

375 ml (1½ tasse) de fleurons de chou-fleur
15 ml (1 c. à s.) d'huile d'olive
60 ml (¼ tasse) d'oignon jaune, en dés
3 gousses d'ail, émincées
450 g (1 lb) de bœuf haché
150 ml (⅔ tasse) de sauce tomate, sans sucre ajouté
10 ml (2 c. à t.) de sel de mer, moulu finement
8 ml (1½ c. à t.) de poudre d'ail
5 ml (1 c. à t.) de paprika
5 ml (1 c. à t.) de persil séché
5 ml (1 c. à t.) d'origan séché
5 ml (1 c. à t.) de poivre noir moulu
875 ml (3½ tasses) de bouillon de bœuf
½ chou vert moyen, haché
175 ml (¾ tasse) de mozzarella, râpée

1 Transférer les fleurons de chou-fleur dans un robot culinaire et, avec la fonction Pulse, mixer jusqu'à l'obtention d'une texture semblable à du riz. Mettre en attente.

2 Sélectionner **Sauté (Normal)** et ajouter l'huile d'olive dans le récipient. Une fois l'huile d'olive chaude, ajouter l'oignon et l'ail et sauter 4 minutes, ou jusqu'à ce que l'ail soit parfumé et que l'oignon commence à ramollir.

3 Défaire le bœuf haché dans le récipient. Sauter 5 minutes, ou jusqu'à ce qu'il soit doré et cuit de part en part.

4 Ajouter la sauce tomate, le sel de mer, la poudre d'ail, le paprika, le persil, l'origan et le poivre noir. Bien mêler.

5 Ajouter le riz de chou-fleur, le bouillon de bœuf et le chou. Brasser délicatement.

6 Couvrir, verrouiller le couvercle, puis placer la valve de libération de la vapeur en position blocage. Sélectionner **Pressure Cook (High)/Cuisson sous pression (Élevée)**, puis régler le temps de cuisson à **22 minutes**.

7 Une fois le temps de cuisson complété, laisser la pression se libérer naturellement 10 minutes, puis évacuer rapidement la pression résiduelle.

8 Avec une louche, transférer le ragoût dans des bols. Garnir chacun de 30 ml (2 c. à s.) de mozzarella. Servir chaud.

Conseil *Pour une recette sans lait, remplacez la mozzarella par 175 ml (¾ tasse) de fromage d'amandes ou omettez simplement le fromage.*

Valeur nutritive par portion
CALORIES : 250 **LIPIDES :** 14 g **GLUCIDES NETS :** 7 g **PROTÉINES :** 22 g

BOUILLON D'OS MAISON

Réconfortant, nourrissant et gorgé de nutriments sains, ce bouillon de bœuf maison est à très faible teneur en glucides. Très polyvalent, il peut servir dans la préparation de soupes, de ragoûts ou comme breuvage sain à savourer tel quel.

PORTIONS : 5
PAR PERSONNE : 250 ML (1 TASSE)

PRÉPARATION : 5 MINUTES
TEMPS SOUS PRESSION : 2 HEURES
TOTAL : 2 HEURES 25 MINUTES

RÉGLAGE :
SOUP/BROTH (SOUPE/BOUILLON)
LIBÉRATION : NATURAL (NATURELLE)

680 g (1½ lb) d'os

2 branches de céleri, en gros morceaux

1 carotte moyenne, en rondelles épaisses

½ oignon jaune, en moitiés

2 gousses d'ail

2 petits morceaux de racine de curcuma frais

15 ml (1 c. à s.) de vinaigre de cidre

5 ml (1 c. à t.) de sel de mer, moulu finement

3 ml (½ c. à t.) de grains de poivre noir

2 brins de thym frais

1 brin de romarin frais

1,375 l (5½ tasses) d'eau

1. Mettre les os dans le récipient. Ajouter le céleri, la carotte, l'oignon, l'ail, le curcuma, le vinaigre, le sel de mer, les grains de poivre noir, le thym et le romarin.
2. Ajouter l'eau dans le récipient en vous assurant que le niveau est au moins à 2,5 cm (1 po) sous la ligne maximale de remplissage à l'intérieur du récipient.
3. Couvrir, verrouiller le couvercle, puis placer la valve de libération de la vapeur en position blocage. Sélectionner **Soup/Broth (High)/Soupe/Bouillon (Élevée)**, puis régler le temps de cuisson à **2 heures**.
4. Une fois le temps de cuisson complété, laisser la pression se libérer naturellement 20 minutes environ.
5. Placer un tamis fin au-dessus d'un grand bol. Ouvrir le couvercle, sortir prudemment le récipient de la base, puis passer le bouillon dans le tamis. Jeter les solides et laisser refroidir le bouillon dans le bol au moins 20 minutes.
6. Servir chaud ou transférer le bouillon refroidi dans un grand pot Mason à fermeture hermétique. Bien sceller et conserver au réfrigérateur jusqu'à 7 jours.

Conseil *Une couche de gras gélatinisé se formera à la surface. Elle se liquéfiera une fois le bouillon chaud, mais peut aussi être retirée avec une cuillère et jetée, si désiré.*

Valeur nutritive par portion
CALORIES : 50 **LIPIDES :** 3 g **GLUCIDES NETS :** 0 g **PROTÉINES :** 2 g

ACCOMPAGNEMENTS ET SALADES

PORTIONS : 2
PAR PERSONNE :
500 ML (2 TASSES) DE SALADE AVEC 115 G (¼ LB) DE LANIÈRES DE POULET ET 30 ML (2 C. À S.) DE VINAIGRETTE

PRÉPARATION : 6 MINUTES
TEMPS SOUS PRESSION : 9 MINUTES
TOTAL : 21 MINUTES

RÉGLAGE : SAUTÉ/PRESSURE COOK (SAUTÉ/CUISSON SOUS PRESSION)
LIBÉRATION : QUICK (RAPIDE)

SALADE DE POULET À LA SALSA VERDE
avec vinaigrette avocat et lime

Cette salade cétogène d'inspiration mexicaine est légère, mais rassasiante. Elle contient des lanières de poulet chaudes dans une salsa verde douce et sucrée, servies sur de la verdure fraîche et garnies d'une vinaigrette crémeuse à l'avocat.

225 g (½ lb) de filets de poitrine de poulet, crus
1 ml (¼ c. à t.) de sel de mer, moulu finement
1 ml (¼ c. à t.) de poivre noir moulu
15 ml (1 c. à s.) d'huile d'avocat
125 ml (½ tasse) de bouillon de poulet
80 ml (⅓ tasse) de salsa verde
1 l (4 tasses) de laitues de printemps en mélange
2 mini-poivrons, dessus et graines enlevés, hachés
1 tomate Roma, en dés
45 ml (3 c. à s.) d'olives noires, tranchées
60 ml (¼ tasse) de cheddar, râpé
15 ml (1 c. à s.) de coriandre, hachée

VINAIGRETTE

⅓ d'avocat moyen, haché
30 ml (2 c. à s.) de crème sure riche en matière grasse
30 ml (2 c. à s.) de salsa verde
15 ml (1 c. à s.) de jus de lime
10 ml (2 c. à t.) d'eau
15 ml (1 c. à s.) de coriandre, hachée

1 Saler et poivrer les deux côtés du poulet.

2 Sélectionner **Sauté (Normal)**. Une fois le récipient chaud, ajouter l'huile d'avocat et les filets de poulet et sauter 3 minutes par côté, jusqu'à ce qu'ils soient dorés. Appuyer sur **Cancel (Annuler)** pour éteindre l'appareil.

3 Verser le bouillon de poulet et la salsa verde sur le poulet.

4 Couvrir, verrouiller le couvercle, puis placer la valve de libération de la vapeur en position blocage. Sélectionner **Pressure Cook (High)/Cuisson sous pression (Élevée)**, puis régler le temps de cuisson à **9 minutes**.

5 Pendant ce temps, préparer la vinaigrette en combinant tous les ingrédients dans un mélangeur. Utiliser la fonction Pulse jusqu'à l'obtention d'une consistance lisse. Mettre en attente.

6 Une fois le temps de cuisson complété, évacuer rapidement la pression, ouvrir le couvercle, puis transférer le poulet dans un plat. Mettre en attente.

7 Mettre des quantités égales de laitues de printemps dans 2 assiettes et garnir de quantités égales de mini-poivrons.

8 Garnir chaque salade de 115 g (¼ lb) de poulet, 8 ml (½ c. à s.) de bouillon du récipient et de quantités égales de tomate, d'olives et de cheddar.

9 Arroser chaque portion de 30 ml (2 c. à s.) de vinaigrette et garnir de coriandre hachée. Servir aussitôt.

Conseil *Si vous n'aimez pas le goût de la coriandre, vous pouvez l'omettre ou la remplacer dans chaque recette par 8 ml (½ c. à s.) de persil plat combiné à 3 ml (½ c. à t.) d'origan mexicain séché.*

Valeur nutritive par portion
CALORIES : 379 **LIPIDES :** 20 g **GLUCIDES NETS :** 3 g **PROTÉINES :** 32 g

SALADE BACON ET HAMBURGER AU FROMAGE *avec vinaigrette Mille-Îles*

Cette salade cétogène possède toutes les saveurs de hamburger au fromage et de bacon fumé qu'on aime, mais sans le pain et son lot de glucides ! Elle est garnie d'une vinaigrette Mille-Îles crémeuse et faible en glucides.

PORTIONS : 2
PAR PERSONNE : 500 ML (2 TASSES) DE SALADE AVEC 80 ML (1/3 TASSE) DE GARNITURE ET 30 ML (2 C. À S.) DE VINAIGRETTE

PRÉPARATION : 4 MINUTES
CUISSON : 20 MINUTES
TOTAL : 30 MINUTES

RÉGLAGE : SAUTÉ (SAUTÉ)
LIBÉRATION : AUCUNE

2 tranches de bacon, non cuit
150 g (1/3 lb) de bœuf haché
1 ml (1/4 c. à t.) de poudre d'ail
1 ml (1/4 c. à t.) de sel de mer, moulu finement
1 ml (1/4 c. à t.) de paprika
0,5 ml (1/8 c. à t.) de poivre noir moulu
1 l (4 tasses) de laitues de printemps en mélange
1/2 tomate Roma moyenne, en dés
45 ml (3 c. à s.) de cheddar, râpé

VINAIGRETTE

60 ml (1/4 tasse) de mayonnaise
8 ml (1/2 c. à s.) de concentré de tomates
15 ml (1 c. à s.) de relish de cornichons à l'aneth
3 ml (1/2 c. à t.) de poudre d'oignon
1 ml (1/4 c. à t.) de persil séché
5 ml (1 c. à t.) de sauce Worcestershire

1. Préparer la vinaigrette en combinant tous les ingrédients dans un petit bol. Bien mêler pour combiner. Couvrir et réfrigérer.
2. Sélectionner **Sauté (Normal)**. Une fois le récipient chaud, ajouter les tranches de bacon et sauter 5 à 6 minutes par côté, ou jusqu'à ce que le bacon soit croustillant. Transférer dans une assiette doublée d'essuie-tout, laisser égoutter, puis hacher en bouchées. Mettre en attente.
3. Défaire le bœuf haché dans le récipient et sauter 6 minutes, ou jusqu'à ce que la viande soit dorée et cuite de part en part.
4. Ajouter poudre d'ail, sel de mer, paprika et poivre noir dans le récipient. Brasser, puis appuyer aussitôt sur **Cancel (Annuler)** pour éteindre l'appareil.
5. Placer une passoire au-dessus d'un grand bol en verre, puis transférer le mélange pour égoutter. Mettre en attente.
6. Disposer des quantités égales de laitues dans 2 assiettes.
7. Garnir chaque salade de quantités égales de mélange au bœuf haché, de bacon haché, de tomate et de cheddar.
8. Arroser chaque portion de salade de 30 ml (2 c. à s.) de vinaigrette. Servir aussitôt.

Conseil *Pour une version sans produit laitier, remplacez le cheddar par 45 ml (3 c. à s.) de fromage d'amandes ou omettez tout simplement le fromage.*

Valeur nutritive par portion
CALORIES : 409 **LIPIDES :** 34 g **GLUCIDES NETS :** 1 g **PROTÉINES :** 23 g

SALADE DE POMMES DE TERRE VERSION CHOU-FLEUR

Cette salade riche et crémeuse ne contient pas de pomme de terre ! Cette variante cétogène utilise plutôt du chou-fleur à faible teneur en glucides comme substitut, mais tout en conservant les saveurs de la salade de pommes de terre classique.

PORTIONS : 6
PAR PERSONNE : 125 ML (½ TASSE)

PRÉPARATION : 6 MINUTES
CUISSON : 9 MINUTES
TOTAL : 21 MINUTES

RÉGLAGE :
PRESSURE COOK/STEAM
(CUISSON SOUS PRESSION/VAPEUR)
LIBÉRATION : NATURAL/QUICK
(NATURELLE/RAPIDE)

- 4 gros œufs
- 1 chou-fleur moyen, en bouchées
- 125 ml (½ tasse) de mayonnaise
- 23 ml (1½ c. à s.) de moutarde jaune préparée
- 37 ml (2½ c. à s.) de relish de cornichons à l'aneth
- 3 ml (½ c. à t.) de sel de mer, moulu finement
- 1 ml (¼ c. à t.) de poivre noir moulu
- 15 ml (1 c. à s.) de ciboulette, hachée
- 0,5 ml (⅛ c. à t.) de paprika

1. Placer l'étuveuse dans le récipient intérieur et ajouter 250 ml (1 tasse) d'eau au fond du récipient. Mettre les œufs sur l'étuveuse.
2. Couvrir, verrouiller le couvercle, puis placer la valve de libération de la vapeur en position blocage. Sélectionner **Pressure Cook (High)/Cuisson sous pression (Élevée)**, puis régler le temps de cuisson à **6 minutes**.
3. Pendant ce temps, préparer un bain glacé en remplissant un grand bol à la moitié d'eau froide et de glaçons. Mettre en attente.
4. Une fois le temps de cuisson des œufs complété, laisser la pression se libérer naturellement 5 minutes, puis évacuer rapidement la pression résiduelle. Appuyer sur **Cancel (Annuler)** pour éteindre l'appareil.
5. Ouvrir le couvercle et utiliser une pince pour transférer les œufs dans le bain glacé. Laisser refroidir 5 minutes. Retirer les œufs refroidis du bain, écaler, hacher et mettre en attente.
6. Retirer le récipient intérieur de la base, égoutter, puis remettre dans la base. Placer une marguerite sur pattes dans le récipient intérieur et ajouter 250 ml (1 tasse) d'eau froide au fond du récipient.
7. Mettre le chou-fleur haché dans la marguerite.
8. Couvrir, verrouiller le couvercle, puis placer la valve de libération de la vapeur en position blocage. Sélectionner **Steam (High)/Vapeur (Élevée)**, puis régler le temps de cuisson à **3 minutes**.
9. Une fois le temps de cuisson complété, évacuer rapidement la pression, ouvrir le couvercle et retirer prudemment la marguerite du récipient. Transférer le chou-fleur dans un grand bol.
10. Au chou-fleur, ajouter œufs hachés, mayonnaise, moutarde, relish, sel de mer et poivre noir. Brasser pour mêler.
11. Garnir de ciboulette et parsemer de paprika. Servir aussitôt.

Conseil *Si vous ne possédez pas de marguerite sur pattes, cuisez le chou-fleur dans un plat allant au four placé sur l'étuveuse.*

Valeur nutritive par portion
CALORIES : 206 **LIPIDES :** 17 g **GLUCIDES NETS :** 4 g **PROTÉINES :** 7 g

SALADE CÉSAR AIL, CITRON ET CREVETTES

PORTIONS : 2
PAR PERSONNE :
500 ML (2 TASSES)
ET 115 G (¼ LB) DE CREVETTES

PRÉPARATION : 6 MINUTES
TEMPS SOUS PRESSION : 6 MINUTES
TOTAL : 23 MINUTES

RÉGLAGE : PRESSURE COOK/SAUTÉ (CUISSON SOUS PRESSION/SAUTÉ)
LIBÉRATION : NATURAL/QUICK (NATURELLE/RAPIDE)

Cette salade substantielle, à faible teneur en glucides et sans gluten, présente des crevettes sautées, des notes d'agrume et d'ail, et de la pancetta fumée grillée dans une vinaigrette César maison crémeuse, accompagnée d'un œuf à la coque.

225 g (½ lb) de crevettes sauvages fraîches, décortiquées et déveinées, rincées et asséchées en tapotant

23 ml (1½ c. à s.) de jus de citron

1 gousse d'ail, émincée

0,5 ml (⅛ c. à t.) de sel de mer, moulu finement

0,5 ml (⅛ c. à t.) de poivre noir moulu

1 gros œuf

60 ml (¼ tasse) de pancetta, en dés

1 l (4 tasses) de laitue romaine, hachée

½ avocat moyen, haché

60 ml (¼ tasse) de parmesan, en copeaux

VINAIGRETTE

23 ml (1½ c. à s.) de crème sure riche en matière grasse

15 ml (1 c. à s.) de mayonnaise

8 ml (½ c. à s.) d'huile d'olive vierge extra

1 gousse d'ail, émincée

5 ml (1 c. à t.) de nuoc-mâm

15 ml (1 c. à s.) de jus de citron

8 ml (½ c. à s.) de parmesan, râpé

0,5 ml (⅛ c. à t.) de sel de mer, moulu finement

0,5 ml (⅛ c. à t.) de poivre noir moulu

1. Dans un bol moyen, combiner crevettes, jus de citron, ail, sel de mer et poivre noir. Enrober les crevettes d'assaisonnements. Mettre en attente.
2. Préparer la vinaigrette en combinant tous les ingrédients dans un petit bol. Fouetter jusqu'à ce que ce soit homogène. Couvrir et réfrigérer.
3. Mettre l'étuveuse dans le récipent interne de l'autocuiseur et ajouter 250 ml (1 tasse) d'eau au fond du récipent. Placer l'œuf sur l'étuveuse.
4. Couvrir, verrouiller le couvercle, puis placer la valve de libération de la vapeur en position blocage. Sélectionner **Pressure Cook (Low)/Cuisson sous pression (Basse)**, puis régler le temps de cuisson à **6 minutes.**
5. Pendant ce temps, préparer un bain glacé en remplissant un grand bol à moitié d'eau froide et de glaçons. Mettre en attente.
6. Une fois le temps de cuisson de l'œuf complété, laisser la pression se libérer naturellement 2 minutes, puis évacuer rapidement la pression résiduelle.
7. Ouvrir le couvercle et, avec une pince, transférer l'œuf dans le bain glacé. Laisser refroidir 6 minutes.
8. Sélectionner **Sauté (Normal)**. Une fois le récipient chaud, ajouter la pancetta et sauter 4 à 5 minutes, ou jusqu'à ce qu'elle commence à dorer sur les bords. Transférer dans un petit bol. Mettre en attente.
9. Ajouter les crevettes dans le récipent et cuire 2 minutes par côté, ou jusqu'à ce qu'elles soient opaques. Transférer dans un bol moyen. Mettre en attente.
10. Dans un grand bol, combiner laitue, crevettes, pancetta et avocat. Verser la vinaigrette sur la salade et brasser délicatement pour mêler. Répartir également la salade dans 2 assiettes.
11. Parsemer 30 ml (⅛ tasse) de copeaux de parmesan sur chaque portion. Retirer l'œuf du bain glacé, écaler et couper en deux dans le sens de la longueur. Placer une moitié sur chaque salade. Servir aussitôt.

Conseil *Pour un œuf dur plutôt que mollet, augmentez le temps de cuisson sous pression à 9 minutes.*

Valeur nutritive par portion
CALORIES : 465 **LIPIDES :** 31 g **GLUCIDES NETS :** 3 g **PROTÉINES :** 40 g

SALADE TACO AU BŒUF À LA MEXICAINE

Cette salade cétogène a tout ce qu'on veut dans un taco, mais sans tous les glucides. Elle comprend de délicieuses garnitures à taco sur de la laitue croustillante, le tout nappé d'une vinaigrette Catalina maison.

PORTIONS : 2
PAR PERSONNE : 500 ML (2 TASSES) DE SALADE AVEC 125 ML (½ TASSE) DE VIANDE À TACO ET 60 ML (2 C. À S.) DE VINAIGRETTE

PRÉPARATION : 5 MINUTES
CUISSON : 8 MINUTES
TOTAL : 15 MINUTES

RÉGLAGE : SAUTÉ (SAUTÉ)
LIBÉRATION : AUCUNE

15 ml (1 c. à s.) d'huile d'avocat
225 g (½ lb) de bœuf haché
60 ml (¼ tasse) de sauce tomate, sans sucre ajouté
30 ml (2 c. à s.) d'eau
8 ml (1½ c. à t.) de poudre de chili
3 ml (½ c. à t.) de cumin moulu
1 ml (¼ c. à t.) de poudre d'ail
0,5 ml (⅛ c. à t.) de poudre d'oignon
0,5 ml (⅛ c. à t.) de paprika
1 ml (¼ c. à t.) de sel de mer, moulu finement
½ laitue Iceberg moyenne, déchirée en petits morceaux (environ 1¼ tasses)
1 tomate Roma, en dés
½ avocat moyen, en dés
30 ml (2 c. à s.) d'olives noires, tranchées
60 ml (¼ tasse) de cheddar, râpé
30 ml (2 c. à s.) de crème sure riche en matière grasse

VINAIGRETTE

23 ml (1½ c. à s.) d'huile d'avocat
15 ml (1 c. à s.) de vinaigre de cidre
1 ml (¼ c. à t.) de sauce Worcestershire
23 ml (1½ c. à s.) de sauce tomate, sans sucre ajouté
1 ml (¼ c. à t.) de poudre d'oignon
1 ml (¼ c. à t.) de paprika
0,5 ml (⅛ c. à t.) d'édulcorant érythritol en granules
0,5 ml (⅛ c. à t.) de sel de mer, moulu finement

1 Préparer la vinaigrette en combinant tous les ingrédients dans un petit bol. Fouetter jusqu'à ce soit bien mêlé. Mettre en attente.

2 Sélectionner **Sauté (Normal)**. Une fois le récipient chaud, ajouter l'huile d'avocat. Défaire le bœuf haché dans le récipient et sauter 5 minutes, en brassant souvent, jusqu'à ce que la viande soit dorée et cuite de part en part.

3 Ajouter sauce tomate, eau, poudre de chili, cumin, poudre d'ail, poudre d'oignon, paprika et sel de mer dans le récipient. Brasser.

4 Poursuivre la cuisson, en brassant sans arrêt, jusqu'à ce que la sauce commence à bouillir, puis appuyer sur **Cancel (Annuler)** pour éteindre l'appareil. Laisser le bœuf haché reposer 3 minutes dans le récipient pour permettre à la sauce d'épaissir.

5 Répartir la laitue dans 2 assiettes. À la cuillère, déposer 125 ml (½ tasse) de mélange au bœuf haché sur chaque portion de laitue, puis garnir de quantités égales de tomate, d'avocat, d'olives et de cheddar.

6 Arroser chaque salade de 30 ml (2 c. à s.) de vinaigrette, puis garnir de 15 ml (1 c. à s.) de crème sure. Servir aussitôt.

Conseil *Si certains assaisonnements vous font défaut, utilisez 15 ml (1 c. à s.) d'assaisonnement à taco du commerce pour remplacer la poudre de chili, le cumin, la poudre d'ail, la poudre d'oignon, le paprika et le sel de mer.*

Valeur nutritive par portion
CALORIES : 504 **LIPIDES :** 38 g **GLUCIDES NETS :** 7 g **PROTÉINES :** 30 g

SALADE FAJITA AU STEAK
avec vinaigrette coriandre et lime

PORTIONS : 4
PAR PERSONNE : 1 SALADE ET 113 G (¼ LB) DE STEAK

PRÉPARATION : 6 MINUTES
TEMPS SOUS PRESSION : 29 MINUTES
TOTAL : 1 HEURE

RÉGLAGE : SAUTÉ/PRESSURE COOK/STEAM (SAUTÉ/CUISSON SOUS PRESSION/VAPEUR)
LIBÉRATION : NATURAL/QUICK (NATURELLE/RAPIDE)

Cette salade substantielle est à faible teneur en glucides tout en possédant l'ensemble des saveurs traditionnelles des fajitas au steak, mais sans les tortillas. Le bœuf, tendre et savoureux, s'agrémente d'une vinaigrette acidulée crémeuse et de notes de lime.

450 g (1 lb) de bifteck de hampe, en 4 steaks égaux
5 ml (1 c. à t.) de sel de mer, moulu finement
1 ml (¼ c. à t.) de poivre noir moulu
15 ml (1 c. à s.) d'huile d'avocat
60 ml (¼ tasse) d'huile d'olive
30 ml (2 c. à s.) de jus de lime
15 ml (1 c. à s.) de sauce tamari
2 gousses d'ail, émincées
5 ml (1 c. à t.) de cumin moulu
3 ml (½ c. à t.) de poudre de chili
1 ml (¼ c. à t.) d'origan séché
4 mini-poivrons, tige et pépins enlevés, en fines lanières
2 jalapeños, tige et pépins enlevés, en fines lanières
1 l (4 tasses) de laitue romaine, en bouchées
1 l (4 tasses) de laitues de printemps en mélange
1 avocat moyen, tranché
60 ml (¼ tasse) de coriandre fraîche

VINAIGRETTE

80 ml (⅓ tasse) de crème sure riche en matière grasse
30 ml (2 c. à s.) de mayonnaise
2 gousses d'ail
45 ml (3 c. à s.) de jus de lime
23 ml (1½ c. à s.) de vinaigre de cidre
5 ml (1 c. à t.) de sel de mer
1 ml (¼ c. à t.) de poivre noir moulu
80 ml (⅓ tasse) de coriandre fraîche

1 Préparer la vinaigrette en combinant tous les ingrédients dans un robot culinaire ou un mélangeur. Utiliser la fonction Pulse jusqu'à l'obtention d'une consistance lisse et crémeuse. Transférer dans un contenant refermable et réfrigérer.

2 Saler et poivrer les deux côtés des steaks. Frotter doucement l'assaisonnement sur la viande.

3 Sélectionner **Sauté (Normal)**. Une fois le récipient chaud, ajouter l'huile d'avocat et chauffer 2 minutes. Déposer les steaks dans le récipient intérieur et sauter 4 minutes par côté, ou jusqu'à ce qu'ils soient dorés. Transférer dans une assiette et mettre en attente. Appuyer sur **Cancel (Annuler)** pour éteindre l'appareil.

4 Combiner huile d'olive, jus de lime, sauce tamari, ail, cumin, poudre de chili et origan dans un moyen sac à congélation à fermeture à glissière. Fermer hermétiquement et secouer avec soin le sac pour combiner les éléments.

5 Ajouter les steaks dans le sac, resceller, puis secouer avec soin pour enrober les steaks de marinade. Réfrigérer 20 minutes.

6 Mettre une feuille de papier d'aluminium de 50 cm (20 po) sur une planche à découper en repliant les bords vers le haut. Déposer les steaks marinés sur la feuille de papier, arroser avec la marinade. Replier le papier d'aluminium sur les steaks pour former un sachet (empiler les steaks au besoin). Déposer le sachet sur l'étuveuse.

7 Couvrir, verrouiller le couvercle, puis placer la valve de libération de la vapeur en position blocage. Sélectionner **Pressure Cook (High)/Cuisson sous pression (Élevée)**, puis régler le temps de cuisson à **25 minutes**. Une fois le temps de cuisson complété, laisser la pression se libérer naturellement 5 minutes, puis évacuer rapidement la pression résiduelle.

8 Ouvrir le couvercle et transférer le sachet sur une planche à découper. Ouvrir le haut du sachet et laisser les steaks reposer 5 minutes avant de les trancher en fines lanières.

9 Pendant ce temps, retirer l'étuveuse du récipent intérieur. Retirer prudemment le récipient intérieur de la base, égoutter, puis remettre sur la base. Placer une marguerite sur pattes dans le récipient et verser 250 ml (1 tasse) d'eau au fond du récipient. Mettre les lanières de poivrons et de jalapeños dans la marguerite.

Valeur nutritive par portion
CALORIES : 565 **LIPIDES :** 40 g **GLUCIDES NETS :** 6 g **PROTÉINES :** 33 g

10 Couvrir, verrouiller le couvercle, puis placer la valve de libération de la vapeur en position blocage. Sélectionner **Steam (High)/Vapeur (Élevée)** et régler le temps de cuisson à **4 minutes.** Une fois le temps de cuisson complété, évacuer rapidement la pression, ouvrir le couvercle et transférer les lanières de poivrons et de piments dans un bol moyen.

11 Déposer 250 ml (1 tasse) de laitue romaine et 250 ml (1 tasse) de laitues de printemps en mélange dans 4 assiettes. Garnir chacune de 115 g (¼ lb) de steak, de quantités égales de lanières de poivrons et de piments et de ¼ d'avocat tranché. Arroser de 30 ml (2 c. à s.) de vinaigrette et parsemer 15 ml (1 c. à s.) de coriandre sur chaque salade. Servir aussitôt.

Conseil *Le temps de cuisson de cette recette convient à une cuisson à point (médium) des steaks. Pour une cuisson mi-saignante, régler le temps de cuisson à 20 minutes. Pour une cuisson saignante, régler le temps de cuisson à 18 minutes.*

PORTIONS : 4
PAR PERSONNE :
2 COUPELLES DE LAITUE

PRÉPARATION : 5 MINUTES
TEMPS SOUS PRESSION : 4 MINUTES
TOTAL : 13 MINUTES

RÉGLAGE : SAUTÉ/PRESSURE COOK (SAUTÉ/CUISSON SOUS PRESSION)
LIBÉRATION : QUICK (RAPIDE)

SALADE À LA THAÏLANDAISE *en coupelles de laitue*

Colorée et rafraîchissante, avec des épices piquantes équilibrées par une note d'agrume, cette version cétogène d'un classique thaïlandais propose une légère texture croustillante au goût d'arachide et un bouquet de saveurs, le tout concentré dans une coupelle de laitue croustillante.

- 125 ml (½ tasse) de bouillon de poulet
- 30 ml (2 c. à s.) de nuoc-mâm
- 3 ml (½ c. à t.) d'édulcorant érythritol en granules
- 5 ml (1 c. à t.) de flocons de piment rouge, broyés
- 3 ml (½ c. à t.) de sel de mer, moulu finement
- 23 ml (1½ c. à s.) d'huile d'avocat
- 2 gousses d'ail, émincées
- 450 g (1 lb) de porc haché
- 16 à 18 arachides rôties, écalées
- 45 ml (3 c. à s.) de jus de lime
- 45 ml (3 c. à s.) de feuilles de menthe, hachées
- 45 ml (3 c. à s.) de coriandre, hachée
- 10 ml (2 c. à t.) de sauce sriracha
- 8 feuilles moyennes de cœurs de laitue romaine
- 2 tiges d'oignons verts, hachées (parties vertes seulement)

1. Dans un bol moyen, combiner bouillon de poulet, nuoc-mâm, édulcorant, flocons de piment rouge et sel de mer. Bien mêler, puis mettre en attente.
2. Sélectionner **Sauté (Normal)**. Une fois le récipent chaud, ajouter l'huile d'avocat et l'ail. Sauter en brassant sans arrêt jusqu'à ce que l'ail soit parfumé.
3. Défaire le porc haché dans le récipient et sauter 4 minutes, ou jusqu'à ce qu'il soit cuit de part en part. Verser le mélange de bouillon de poulet sur le porc.
4. Couvrir, verrouiller le couvercle, puis placer la valve de libération de la vapeur en position blocage. Sélectionner **Pressure Cook (High)/Cuisson sous pression (Élevée)**, puis régler le temps de cuisson à **4 minutes**.
5. Pendant ce temps, mettre les arachides rôties dans un robot culinaire. Avec la fonction Pulse, moudre grossièrement. Mettre en attente.
6. Une fois le temps de cuisson du porc complété, évacuer rapidement la pression.
7. Ouvrir le couvercle et ajouter jus de lime, menthe, coriandre et sauce sriracha. Brasser pour mêler.
8. Disposer les feuilles de laitue dans une assiette de service. Remplir chacune de 125 ml (¼ tasse) de mélange de porc, puis parsemer chaque coupelle de 5 ml (1 c. à t.) d'oignon vert et 3 ml (½ c. à t.) d'arachides moulues. Servir chaud.

Conseil *Pour une version sans arachides, remplacez par 23 ml (1½ c. à s.) d'amandes ou de noix de cajou moulues, ou omettez simplement les arachides.*

Valeur nutritive par portion
CALORIES : 275 **LIPIDES :** 18 g **GLUCIDES NETS :** 3 g **PROTÉINES :** 9 g

SALADE DE POULET CRÉMEUSE À LA DIJONNAISE

Moutarde de Dijon crémeuse et poulet tendre font de cette salade au poulet à faible teneur en glucides une recette cétogène rapide et facile, gorgée de saveurs. Préparer du poulet effiloché dans l'autocuiseur est un jeu d'enfant !

PORTIONS : 2
PAR PERSONNE : 500 ML (2 TASSES) DE LAITUE ET 125 ML (½ TASSE) DE SALADE DE POULET

PRÉPARATION : 5 MINUTES
TEMPS SOUS PRESSION : 8 MINUTES
TOTAL : 13 MINUTES

RÉGLAGE : PRESSURE COOK (CUISSON SOUS PRESSION)
LIBÉRATION : QUICK (RAPIDE)

- 150 ml (⅔ tasse) de bouillon de poulet
- 225 g (½ lb) de filets de poitrine de poulet, désossés et sans la peau
- 3 ml (½ c. à t.) de sel de mer, moulu finement
- 1 branche de céleri, émincée
- ½ oignon vert, tranché finement
- 8 ml (½ c. à s.) de vinaigre balsamique
- 30 ml (2 c. à s.) de moutarde de Dijon
- 23 ml (1½ c. à s.) de mayonnaise
- 15 ml (1 c. à s.) de persil plat, haché finement
- 1 ml (¼ c. à t.) de poivre noir moulu
- 1 l (4 tasses) de laitues de printemps en mélange
- 10 ml (2 c. à t.) de ciboulette, hachée finement

1. Verser le bouillon de poulet dans le récipient de l'autocuiseur. Saler les filets de poitrine de poulet et ajouter dans le récipient.
2. Couvrir, verrouiller le couvercle, puis placer la valve de libération de la vapeur en position blocage. Sélectionner **Pressure Cook (High)/Cuisson sous pression (Élevée)**, puis régler le temps de cuisson à **8 minutes**. Une fois le temps de cuisson complété, évacuer rapidement la pression.
3. Ouvrir le couvercle. Avec une pince, transférer le poulet sur une planche à découper. Utiliser 2 fourchettes pour effilocher le poulet, puis transférer dans un grand bol.
4. Dans le bol avec le poulet, ajouter le céleri, l'oignon vert, le vinaigre balsamique, la moutarde de Dijon, la mayonnaise, le persil et le poivre noir. Mêler pour bien combiner.
5. Déposer 500 ml (2 tasses) de laitues de printemps en mélange dans chaque assiette. Garnir chaque portion de 125 ml (½ tasse) de salade de poulet et parsemer 5 ml (1 c. à t.) de ciboulette. Servir aussitôt.

Conseil *Si des filets de poitrine de poulet surgelés non décongelés sont utilisés, augmentez le temps de cuisson sous pression à 12 minutes.*

Valeur nutritive par portion
CALORIES : 208 **LIPIDES :** 6 g **GLUCIDES NETS :** 1 g **PROTÉINES :** 30 g

SALADE BLT AUX ŒUFS *en coupelles de laitue*

Cette salade ultra simple à préparer et servie dans une coupelle de laitue romaine croustillante propose le goût traditionnel de la combinaison bacon-tomate-et-œuf. Elle offre toutes les saveurs BLT classiques, mais sans le pain riche en glucides !

PORTIONS : 4
PAR PERSONNE : 2 COUPELLES DE LAITUE

PRÉPARATION : 5 MINUTES
TEMPS SOUS PRESSION : 6 MINUTES
TOTAL : 23 MINUTES

RÉGLAGE : PRESSURE COOK (CUISSON SOUS PRESSION)
LIBÉRATION : NATURAL/QUICK (NATURELLE/RAPIDE)

- 4 gros œufs
- 60 ml (¼ tasse) de mayonnaise
- 5 ml (1 c. à t.) de sel de mer, moulu finement
- 1 ml (¼ c. à t.) de poivre noir moulu
- 8 feuilles moyennes de cœurs de laitue romaine
- 2 tranches de bacon, cuit et émietté
- 1 ml (¼ c. à t.) de paprika
- 1 petite tomate Roma, en dés

1. Mettre l'étuveuse dans le récipient intérieur de l'autocuiseur et ajouter 250 ml (1 tasse) d'eau au fond du récipient. Déposer les œufs sur l'étuveuse.
2. Couvrir, verrouiller le couvercle, puis placer la valve de libération de la vapeur en position blocage. Sélectionner **Pressure Cook (High)/Cuisson sous pression (Élevée)**, puis régler le temps de cuisson à **6 minutes.**
3. Pendant ce temps, préparer un bain glacé en remplissant un grand bol à moitié d'eau froide et de glaçons. Mettre en attente.
4. Quand le temps de cuisson des œufs est complété, laisser la pression se libérer naturellement 6 minutes, puis évacuer rapidement la pression résiduelle.
5. Ouvrir le couvercle et, avec une pince, transférer délicatement les œufs dans le bain glacé. Laisser refroidir 6 minutes dans le bain.
6. Une fois les œufs assez refroidis pour être manipulés, transférer sur une planche à découper. Écaler et hacher grossièrement. Transférer les œufs hachés dans un bol moyen.
7. Ajouter dans le bol la mayonnaise, le sel de mer et le poivre noir. Bien mêler.
8. Disposer les coupelles de laitue dans une assiette de service. À la cuillère, répartir également la salade aux œufs entre les coupelles et garnir chacune d'une quantité égale de bacon. Parsemer de paprika, puis ajouter les dés de tomate. Servir aussitôt.

Conseil *On peut remplacer la laitue romaine par des feuilles de laitue Boston.*

Valeur nutritive par portion
CALORIES : 195 **LIPIDES :** 16 g **GLUCIDES NETS :** 2 g **PROTÉINES :** 8 g

COURGE SPAGHETTI
avec pesto aux amandes

PORTIONS : 4
PAR PERSONNE :
125 ML (½ TASSE) DE NOUILLES ET 30 ML (2 C. À S.) DE SAUCE

PRÉPARATION : 6 MINUTES
TEMPS SOUS PRESSION : 18 MINUTES
TOTAL : 65 MINUTES

RÉGLAGE : PRESSURE COOK (CUISSON SOUS PRESSION)
LIBÉRATION : NATURAL/QUICK (NATURELLE/RAPIDE)

Cette alternative délicieuse aux pâtes traditionnelles est à faible teneur en glucides et sans gluten. Les nouilles de courge sont garnies d'une sauce au pesto riche et savoureuse, parfumée à l'ail et au basilic.

80 ml (⅓ tasse) d'amandes crues, non salées

1 kg (2 lb) de courge spaghetti

250 ml (1 tasse) de feuilles de basilic frais

60 ml (¼ tasse) de persil plat

3 gousses d'ail

125 ml (½ tasse) d'huile d'olive

3 ml (½ c. à t.) de sel de mer, moulu finement

3 ml (½ c. à t.) de poivre noir moulu

45 ml (3 c. à s.) de parmesan

1. Préchauffer le four à 200 °C (400 °F) et tapisser de papier d'aluminium une grande plaque à pâtisserie.
2. Étaler les amandes sur la plaque à pâtisserie et griller 7 à 10 minutes, ou jusqu'à ce qu'elles soient dorées. Retirer du four et laisser refroidir.
3. Avec un couteau d'office pointu, percer tous les côtés de la courge pour laisser la vapeur pénétrer durant la cuisson.
4. Placer l'étuveuse dans le récipient intérieur de l'autocuiseur et ajouter 250 ml (1 tasse) d'eau au fond du récipient. Déposer la courge sur l'étuveuse.
5. Couvrir, verrouiller le couvercle, puis placer la valve de libération de la vapeur en position blocage. Sélectionner **Pressure Cook (High)/Cuisson sous pression (Élevée)**, puis régler le temps de cuisson à **18 minutes**. Quand le temps de cuisson est complété, laisser la pression se libérer naturellement 10 minutes, puis évacuer rapidement la pression résiduelle.
6. Ouvrir le couvercle et retirer prudemment l'étuveuse et la courge du récipient. Laisser refroidir 15 minutes, ou jusqu'à ce que la courge soit assez refroidie pour être manipulée.
7. Préparer le pesto en combinant amandes grillées, basilic, persil, gousses d'ail, huile d'olive, sel de mer, poivre noir et parmesan dans un robot culinaire ou un mélangeur. Utiliser la fonction Pulse pour tout combiner et obtenir une pâte épaisse. Mettre en attente.
8. Couper la courge refroidie en deux dans le sens de la longueur. Avec une cuillère, retirer et jeter les graines.
9. Avec une fourchette, gratter la chair de la courge pour fabriquer les nouilles. Transférer les nouilles dans un grand bol.
10. Mettre 125 ml (½ tasse) de nouilles de courge dans chaque bol de service. Garnir chacun de 30 ml (2 c. à s.) de pesto. Servir chaud.

Conseil *Le temps de cuisson de la courge spaghetti est basé sur une courge de 1 kg (2 lb). Pour une plus grosse courge, ajoutez 8 minutes par 450 g (1 lb) au temps de cuisson.*

Pour une recette sans produit laitier, omettez le parmesan.

Valeur nutritive par portion
CALORIES : 380 **LIPIDES :** 32 g **GLUCIDES NETS :** 10 g **PROTÉINES :** 5 g

CHOU ET PANCETTA
en sauce à la crème

Chou sain gorgé de nutriments et pancetta fumée sont nappés d'une succulente et riche sauce à la crème aux notes délicates d'épices dans ce plat d'accompagnement à faible teneur en glucides et sans gluten.

PORTIONS : 4
PAR PERSONNE : 175 ML (¾ TASSE)

PRÉPARATION : 6 MINUTES
TEMPS SOUS PRESSION : 4 MINUTES
TOTAL : 20 MINUTES

RÉGLAGE : SAUTÉ/PRESSURE COOK/SAUTÉ (SAUTÉ/CUISSON SOUS PRESSION/SAUTÉ)
LIBÉRATION : QUICK (RAPIDE)

- 15 ml (1 c. à s.) de beurre non salé
- 125 ml (½ tasse) de pancetta, en dés
- 60 ml (¼ tasse) d'oignon jaune, en dés
- 250 ml (1 tasse) de bouillon de poulet
- 450 g (1 lb) de chou pommé vert, haché finement (environ ½ moyen)
- 1 feuille de laurier
- 1 ml (¼ c. à t.) de muscade, moulue
- 5 ml (1 c. à t.) de sel de mer, moulu finement
- 1 ml (¼ c. à t.) de poivre noir moulu
- 15 ml (1 c. à s.) de persil séché
- 80 ml (⅓ tasse) de crème 35 % de matières grasses

1. Sélectionner **Sauté (Normal)**. Une fois le récipent chaud, ajouter le beurre.
2. Une fois le beurre fondu, ajouter la pancetta et l'oignon. Sauter en brassant sans arrêt 4 minutes environ, ou jusqu'à ce que l'oignon soit attendri et commence à dorer.
3. Ajouter le bouillon de poulet. Avec une cuillère en bois, brasser et détacher tout fragment doré du fond du récipient.
4. Ajouter le chou et la feuille de laurier. Brasser. Couvrir lâchement le chou d'une feuille de papier parchemin de 17,5 x 17,5 cm (7 x 7 po) et replier les coins vers le bas afin que le papier s'insère dans le récipient.
5. Couvrir, verrouiller le couvercle, puis placer la valve de libération de la vapeur en position blocage. Sélectionner **Pressure Cook (High)/Cuisson sous pression (Élevée)**, puis régler le temps de cuisson à **4 minutes**. Une fois le temps de cuisson complété, évacuer rapidement la pression.
6. Ouvrir le couvercle et retirer le papier parchemin. Sélectionner **Sauté (More)/ Sauté (Plus)** et amener les ingrédients à ébullition.
7. Une fois que les ingrédients commencent à bouillir, sélectionner **Sauté (Less)/ Sauté (Moins)**. Ajouter la muscade, le sel de mer, le poivre noir, le persil et la crème. Brasser. Laisser mijoter 5 minutes de plus, puis appuyer sur **Cancel (Annuler)** pour éteindre l'appareil.
8. Retirer et jeter la feuille de laurier. À la louche, transférer dans des bols de service. Servir chaud.

Conseil *Pour une version sans produit laitier, remplacez le beurre par 15 ml (1 c. à s.) d'huile d'avocat et la crème par 80 ml (⅓ tasse) de lait de coco entier non sucré.*

Valeur nutritive par portion
CALORIES : 210 **LIPIDES :** 17 g **GLUCIDES NETS :** 5 g **PROTÉINES :** 7 g

GALETTE DE CHOU-FLEUR À L'AIL GRATINÉE

PORTIONS : 8
PAR PERSONNE : 1 TRANCHE

PRÉPARATION : 5 MINUTES
CUISSON : 2 HEURES 30 MINUTES
TOTAL : 2 HEURES 40 MINUTES

RÉGLAGE :
SLOW COOK (CUISSON LENTE)
LIBÉRATION : AUCUNE

Cette galette sans gluten est aillée, aromatique et garnie de mozzarella fondante. C'est l'accompagnement ou l'amuse-gueule cétogène idéal et le chou-fleur la rend riche en fibres et en nutriments.

½ chou-fleur moyen, paré, tige enlevée et en fleurons

53 ml (3½ c. à s.) de farine de noix de coco

375 ml (1½ tasse) de mozzarella, râpée, divisée

1 ml (¼ c. à t.) de sel de mer, moulu finement

30 ml (2 c. à s.) de beurre non salé, divisé

2 gros œufs, battus

30 ml (2 c. à s.) de crème 35 % de matières grasses

2 gousses d'ail, émincées

30 ml (2 c. à s.) de basilic frais, en fines lanières (facultatif)

1 Mettre le chou-fleur dans un mélangeur ou un robot culinaire. Utiliser la fonction Pulse pour obtenir une texture de riz.

2 Dans un grand bol, combiner farine de noix de coco, 175 ml (¾ tasse) de mozzarella, 150 ml (⅔ tasse) de riz de chou-fleur et sel de mer. Bien mêler.

3 Fondre 15 ml (1 c. à s.) de beurre au micro-ondes. Ajouter œufs, crème et beurre fondu dans le mélange au chou-fleur. Brasser jusqu'à ce que tous les ingrédients soient bien combinés et qu'il n'y ait plus de grumeaux.

4 Enduire le fond du récipient intérieur de l'autocuiseur du reste de beurre. Ajouter le mélange au chou-fleur et utiliser une cuillère pour aplatir le mélange au fond du récipient. Parsemer d'ail et du reste de mozzarella.

5 Couvrir, verrouiller le couvercle, mais laisser la valve de libération de la vapeur en position aération. Sélectionner **Slow Cook (More)/Cuisson lente (Plus)** et régler le temps de cuisson à **2 heures 30 minutes**, ou jusqu'à ce que les bords soient dorés.

6 Pendant ce temps, préchauffer le gril du four.

7 Une fois le temps de cuisson de la galette complété, transférer sur une planche à découper. Couper en 8 pointes égales. Disposer les pointes sur une grande plaque à pâtisserie et gratiner 2 à 3 minutes, ou jusqu'à ce que le fromage soit légèrement doré.

8 Sortir du four et transférer dans une assiette de service. Parsemer de lanières de basilic (si désiré). Servir chaud.

Conseil *Cette galette peut aussi servir de savoureuse croûte à pizza à faible teneur en glucides.*

Valeur nutritive par portion
CALORIES : 135 **LIPIDES :** 10 g **GLUCIDES NETS :** 2 g **PROTÉINES :** 6 g

PURÉE DE CHOU-FLEUR À L'AIL GRATINÉE

PORTIONS : 4
PAR PERSONNE : 1 RAMEQUIN

PRÉPARATION : 5 MINUTES
TEMPS SOUS PRESSION : 3 MINUTES
TOTAL : 13 MINUTES

RÉGLAGE : STEAM (VAPEUR)
LIBÉRATION : QUICK (RAPIDE)

Cette purée de chou-fleur crémeuse est rehaussée d'arômes d'ail et nappée de fromage chaud et coulant. Elle est aussi réconfortante et rassasiante qu'une purée de pommes de terre, mais sans tous les glucides !

- 1 chou-fleur moyen, en fleurons
- 15 ml (1 c. à s.) de bouillon de poulet
- 8 ml (½ c. à s.) de beurre non salé, fondu
- 2 gousses d'ail
- 80 ml (⅓ tasse) de mozzarella fraîche, en cubes
- 5 ml (1 c. à t.) de sel de mer, moulu finement
- 1 ml (¼ c. à t.) de poivre noir moulu
- 30 ml (2 c. à s.) de parmesan, râpé
- 60 ml (¼ tasse) de cheddar, râpé
- 8 ml (½ c. à s.) de persil plat, haché

1. Préchauffer le gril du four à intensité élevée. Vaporiser 4 ramequins de 110 g (4 oz) d'enduit antiadhésif à l'huile de noix de coco. Mettre en attente.
2. Placer une marguerite sur pattes dans le récipient intérieur de l'autocuiseur et verser 250 ml (1 tasse) d'eau au fond du récipient. Ajouter les fleurons de chou-fleur.
3. Couvrir, verrouiller le couvercle, puis placer la valve de libération de la vapeur en position blocage. Sélectionner **Steam (High)/Vapeur (Élevée)** et régler le temps de cuisson à **3 minutes**. Une fois le temps de cuisson complété, évacuer rapidement la pression.
4. Ouvrir le couvercle et transférer la moitié du chou-fleur dans un robot culinaire ou un mélangeur. Utiliser la fonction Pulse pour obtenir une texture crémeuse, épaisse.
5. Utiliser une spatule en caoutchouc pour gratter les parois du mélangeur. Ajouter le reste des fleurons de chou-fleur, le bouillon de poulet et le beurre fondu. Mixer jusqu'à ce que ce soit épais et crémeux.
6. Ajouter ail, mozzarella, sel de mer et poivre noir. Utiliser la fonction Pulse jusqu'à l'obtention d'une texture lisse et crémeuse.
7. Répartir des quantités égales de purée dans les ramequins préparés. Parsemer 8 ml (½ c. à s.) de parmesan et 15 ml (1 c. à s.) de cheddar sur chaque portion.
8. Disposer les ramequins sous le gril du four 4 à 5 minutes, ou jusqu'à ce que le fromage commence à dorer. Retirer du four et garnir chaque portion de quantités égales de persil. Servir chaud.

Conseil *Pour une version sans produit laitier, omettez la mozzarella et le parmesan. Remplacez le beurre fondu par 8 ml (½ c. à s.) d'huile d'avocat et le cheddar par 60 ml (¼ tasse) de fromage d'amandes.*

Valeur nutritive par portion
CALORIES : 125 **LIPIDES :** 7 g **GLUCIDES NETS :** 5 g **PROTÉINES :** 8 g

SALADE DE POULET BUFFALO
en coupelles de laitue

Extrêmement faible en glucides, cette salade de poulet onctueuse contient une sauce Buffalo piquante, du gorgonzola et des morceaux croustillants de céleri frais. Elle est rassasiante, gorgée de saveurs… et blottie dans des coupelles de laitue.

PORTIONS : 2
PAR PERSONNE : 2 COUPELLES DE LAITUE

PRÉPARATION : 4 MINUTES
TEMPS SOUS PRESSION : 6 MINUTES
TOTAL : 20 MINUTES

RÉGLAGE : PRESSURE COOK (CUISSON SOUS PRESSION)
LIBÉRATION : NATURAL/QUICK (NATURELLE/RAPIDE)

250 ml (1 tasse) de bouillon de poulet

1 ml (¼ c. à t.) de sel de mer, moulu finement

0,5 ml (⅛ c. à t.) de poivre noir moulu

225 g (½ lb) de cuisses de poulet, désossées et sans la peau

45 ml (3 c. à s.) de mayonnaise

40 ml (2½ c. à s.) de beurre non salé, fondu

80 ml (⅓ tasse) de sauce aux piments forts

1 ml (¼ c. à t.) de poudre d'ail

1 ml (¼ c. à t.) de graines de céleri

1 branche moyenne de céleri, émincée

4 grandes feuilles de laitue Boston

30 ml (2 c. à s.) de gorgonzola, émietté

1. Verser le bouillon de poulet dans le récipient intérieur de l'autocuiseur, saler et poivrer. Ajouter les cuisses de poulet dans le récipient.
2. Couvrir, verrouiller le couvercle, puis placer la valve de libération de la vapeur en position blocage. Sélectionner **Pressure Cook (High)/Cuisson sous pression (Élevée)**, puis régler le temps de cuisson à **6 minutes**.
3. Une fois le temps de cuisson complété, laisser la pression se libérer naturellement 10 minutes, puis évacuer rapidement la pression résiduelle.
4. Ouvrir le couvercle et transférer le poulet sur une planche à découper. Avec des fourchettes, effilocher, puis transférer dans un grand bol.
5. Ajouter mayonnaise, beurre fondu, sauce piquante, poudre d'ail, graines de céleri et céleri dans le bol. Bien mêler pour combiner.
6. Disposer les coupelles de laitue dans une grande assiette. Remplir chacune de quantités égales de salade de poulet Buffalo et parsemer 8 ml (½ c. à s.) de gorgonzola sur chaque coupelle. Servir aussitôt.

Conseil *On peut remplacer les feuilles de laitue Boston par des cœurs de laitue romaine.*

Valeur nutritive par portion
CALORIES : 430 **LIPIDES :** 35 g **GLUCIDES NETS :** 1 g **PROTÉINES :** 24 g

PORTIONS : 4
PAR PERSONNE : 250 ML (1 TASSE)

PRÉPARATION : 5 MINUTES
TEMPS SOUS PRESSION : 2 MINUTES
TOTAL : 18 MINUTES

RÉGLAGE : PRESSURE COOK/SAUTÉ (CUISSON SOUS PRESSION/SAUTÉ)
LIBÉRATION : QUICK (RAPIDE)

RIZ DE CHOU-FLEUR CORIANDRE ET LIME

Aux accents rafraîchissants de coriandre et de lime, ce riz de chou-fleur est le compagnon parfait de tout mets. La fonction Pulse transforme le chou-fleur en une alternative au riz, légère et à faible teneur en glucides.

1 chou-fleur, paré, tige enlevée et en fleurons moyens

30 ml (2 c. à s.) d'huile d'avocat

1 gousse d'ail, émincée

Jus de 1 lime

0,5 ml (⅛ c. à t.) de sel de mer, moulu finement (facultatif)

4 brins de coriandre fraîche, hachée

1. Mettre l'étuveuse dans le récipient intérieur de l'autocuiseur, puis ajouter 250 ml (1 tasse) d'eau au fond du récipient. Placer une marguerite sur pattes sur l'étuveuse. Transférer le chou-fleur dans la marguerite.
2. Couvrir, verrouiller le couvercle et placer la valve de libération de la vapeur en position blocage. Sélectionner **Pressure Cook (High)/Cuisson sous pression (Élevée)**, puis régler le temps de cuisson à **2 minutes.** Une fois le temps de cuisson complété, évacuer rapidement la pression.
3. Ouvrir le couvercle et sortir prudemment marguerite et chou-fleur du récipient. Mettre en attente. Retirer prudemment le récipient intérieur de la base, égoutter, assécher avec de l'essuie-tout et remettre sur la base.
4. Transférer les fleurons de chou-fleur dans un robot culinaire et, avec la fonction Pulse, réduire jusqu'à l'obtention d'une texture semblable à du riz. Mettre en attente.
5. Sélectionner **Sauté (Normal)**. Une fois le récipient chaud, ajouter l'huile d'avocat et l'ail. Sauter l'ail 2 minutes ou jusqu'à ce qu'il soit tendre et parfumé.
6. Ajouter le riz de chou-fleur et sauter 2 minutes de plus, ou jusqu'à ce qu'il soit tendre.
7. Ajouter en brassant le jus de lime, puis sauter 2 minutes de plus.
8. Transférer le riz de chou-fleur dans une assiette de service. Saler (si désiré) et garnir de coriandre. Servir chaud.

Conseil *L'huile d'avocat peut être remplacée par une égale quantité d'huile d'olive ou d'huile de noix de coco.*

Si vous n'avez pas de marguerite sur pattes, vous pouvez utiliser un bol allant au four placé sur l'étuveuse.

Valeur nutritive par portion
CALORIES : 105 **LIPIDES :** 7 g **GLUCIDES NETS :** 4 g **PROTÉINES :** 3 g

RIZ DE CHOU-FLEUR À L'AIL FRIT *avec champignons*

Ce plat cétogène substantiel contient des œufs battus, des champignons au beurre et de l'ail parfumé. Il est incroyablement simple à préparer dans l'autocuiseur. C'est aussi une fantastique alternative à faible teneur en glucides au riz frit traditionnel.

PORTIONS : 4
PAR PERSONNE : 250 ML (1 TASSE)

PRÉPARATION : 5 MINUTES
TEMPS SOUS PRESSION : 3 MINUTES
TOTAL : 23 MINUTES

RÉGLAGE :
STEAM/SAUTÉ (VAPEUR/SAUTÉ)
LIBÉRATION : QUICK (RAPIDE)

- 1 chou-fleur moyen, en fleurons
- 23 ml (1½ c. à s.) de beurre non salé
- 3 gousses d'ail, émincées
- 250 ml (1 tasse) de champignons de Paris blancs frais, tranchés
- 5 ml (1 c. à t.) de sauce tamari
- 23 ml (1½ c. à s.) d'huile d'olive
- 1 gros œuf, battu
- 1 ml (¼ c. à t.) de sel de mer, moulu finement
- 0,5 ml (⅛ c. à t.) de poivre noir moulu
- 8 ml (½ c. à s.) de persil plat, haché

1. Mettre une marguerite sur pattes dans le récipient intérieur de l'autocuiseur, puis ajouter 250 ml (1 tasse) d'eau au fond du récipient. Transférer les fleurons de chou-fleur dans la marguerite.
2. Couvrir, verrouiller le couvercle et placer la valve de libération de la vapeur en position blocage. Sélectionner **Steam (High)/Vapeur (Élevée)**, puis régler le temps de cuisson à **3 minutes**. Une fois le temps de cuisson complété, évacuer rapidement la pression.
3. Ouvrir le couvercle et transférer les fleurons de chou-fleur dans un robot culinaire. Avec la fonction Pulse, réduire jusqu'à l'obtention d'une texture semblable à du riz. Mettre en attente.
4. Retirer la marguerite du récipient. Sortir prudemment le récipient de la base, égoutter et assécher avec de l'essuie-tout, puis remettre sur la base.
5. Sélectionner **Sauté (Normal)**. Une fois le récipient chaud, ajouter le beurre. Une fois le beurre fondu, ajouter l'ail et les champignons. Sauter 4 minutes ou jusqu'à ce que les champignons soient tendres.
6. Ajouter la sauce tamari, brasser, puis ajouter l'huile d'olive et le riz de chou-fleur. Sauter 3 minutes de plus.
7. Ajouter l'œuf battu dans le récipient et brasser sans arrêt 3 minutes, ou jusqu'à ce que l'œuf soit bien cuit. Saler et poivrer, puis brasser pour combiner.
8. Transférer le riz frit dans des bols. Parsemer chacun de persil et servir chaud.

Conseil *Pour une recette sans soya, remplacez la sauce tamari par 5 ml (1 c. à t.) de sauce aminos coco.*

Pour une recette sans lait, remplacez le beurre par 23 ml (1½ c. à s.) d'huile d'avocat.

Valeur nutritive par portion
CALORIES : 130 **LIPIDES :** 9 g **GLUCIDES NETS :** 5 g **PROTÉINES :** 5 g

SALADE CREVETTES ET BACON
avec vinaigrette moutarde et citron

Cette riche salade cétogène a une très faible teneur en glucides ; pourtant, elle offre les saveurs audacieuses des crevettes sautées, le fumet du paprika et du bacon fumé. Elle est garnie de tranches d'avocat et arrosée d'une rafraîchissante vinaigrette dijonnaise aux agrumes.

PORTIONS : 2
PAR PERSONNE : 1 SALADE ET 115 G (¼ LB) DE CREVETTES

PRÉPARATION : 5 MINUTES
CUISSON : 14 MINUTES
TOTAL : 19 MINUTES

RÉGLAGE : SAUTÉ (SAUTÉ)
LIBÉRATION : AUCUNE

224 g (½ lb) de crevettes sauvages moyennes, décortiquées, déveinées, rincées et asssséchées en tapotant

3 ml (½ c. à t.) de paprika

3 ml (½ c. à t.) de sel de mer, moulu finement

1 ml (¼ c. à t.) de poivre noir moulu

2 tranches de bacon, non cuit

500 ml (2 tasses) de laitue romaine, en bouchées

500 ml (2 tasses) de mélange de laitues de printemps

6 tomates cerises

½ avocat moyen, en 6 tranches égales

VINAIGRETTE

23 ml (1½ c. à s.) d'huile d'olive vierge extra

30 ml (2 c. à s.) de jus de citron frais

3 ml (½ c. à t.) de moutarde de Dijon

1 Préparer la vinaigrette en combinant tous les ingrédients dans un petit bol. Fouetter jusqu'à ce que le mélange soit homogène, couvrir d'une pellicule plastique et réfrigérer.

2 Dans un bol moyen, combiner les crevettes, le paprika, 1 ml (¼ c. à t.) de sel et le poivre noir. Brasser pour bien enrober les crevettes. Mettre en attente.

3 Sélectionner **Sauté (Normal)**. Une fois le récipient chaud, ajouter les tranches de bacon et cuire 5 minutes par côté ou jusqu'à ce qu'il soit croustillant.

4 Transférer le bacon dans une assiette, éponger avec de l'essuie-tout, puis transférer sur une planche à découper pour hacher grossièrement. Mettre en attente.

5 Ajouter les crevettes au gras de bacon dans le récipient et cuire 2 minutes par côté ou jusqu'à ce qu'elles soient opaques. Transférer dans un grand bol, puis saler avec le reste de sel.

6 Dans 2 assiettes, disposer une égale quantité de laitue romaine et de mélange de laitues de printemps. Garnir d'une égale quantité de tomates cerises, de tranches d'avocat, de bacon haché et de crevettes.

7 Sortir la vinaigrette du réfrigérateur. Fouetter pour combiner, puis arroser chaque salade de 23 ml (1½ c. à s.) de vinaigrette. Servir aussitôt.

Conseil *Si vous utilisez des crevettes surgelées, décongelez d'abord les crevettes, rincez-les, puis asséchez-les en tapotant avant de les ajouter au récipient.*

Valeur nutritive par portion
CALORIES : 255 **LIPIDES :** 20 g **GLUCIDES NETS :** 3 g **PROTÉINES :** 21 g

PORTIONS : 4
PAR PERSONNE :
7 ASPERGES ENVIRON, 10 ML (2 C. À T.) DE BEURRE À L'AIL ET 5 ML (1 C. À T.) DE PARMESAN

PRÉPARATION : 3 MINUTES
TEMPS SOUS PRESSION : 2 MINUTES
TOTAL : 8 MINUTES

RÉGLAGE :
STEAM/SAUTÉ (VAPEUR/SAUTÉ)
LIBÉRATION : QUICK (RAPIDE)

- 450 g (1 lb) d'asperges fraîches, extrémité ligneuse enlevée et en moitiés
- 30 ml (2 c. à s.) de beurre
- 1 gousse d'ail, émincée
- 10 ml (2 c. à t.) de jus de citron frais
- 23 ml (1½ c. à s.) de parmesan, râpé

ASPERGES VAPEUR
avec beurre à l'ail, parmesan et citron

Cette entrée simple est délicatement cuite à la vapeur et délicieusement arrosée de beurre à l'ail citronné avant d'être garnie d'une touche de parmesan. L'autocuiseur cuit en un rien de temps et parfaitement *al dente* les asperges vapeur !

1. Placer la marguerite sur pattes dans le récipient de l'autocuiseur, puis ajouter 250 ml (1 tasse) d'eau au fond du récipient. Mettre les asperges dans la marguerite.
2. Couvrir, verrouiller le couvercle et placer la valve de libération de la vapeur en position blocage. Sélectionner **Steam (High)/Vapeur (Élevée)**, puis régler le temps de cuisson à **2 minutes**. Une fois le temps de cuisson complété, évacuer rapidement la pression.
3. Ouvrir le couvercle et sortir prudemment marguerite et asperges du récipient. Mettre en attente.
4. Sortir prudemment le récipient intérieur de la base, égoutter, assécher avec de l'essuie-tout et remettre sur la base.
5. Sélectionner **Sauté (Normal)**. Une fois le récipient chaud, ajouter le beurre et l'ail. Sauter 2 minutes ou jusqu'à ce que l'ail soit parfumé. Ajouter le jus de citron, brasser, puis appuyer sur **Cancel (Annuler)** pour éteindre l'appareil.
6. Transférer les asperges dans une assiette de service, arroser de beurre à l'ail citronné et parsemer de parmesan. Servir chaud.

Conseil *Si vous n'avez pas de marguerite sur pattes, vous pouvez utiliser un bol allant au four placé sur l'étuveuse.*

Valeur nutritive par portion
CALORIES : 76 **LIPIDES :** 4 g **GLUCIDES NETS :** 3 g **PROTÉINES :** 3 g

CHOUX DE BRUXELLES GLACÉS AU VINAIGRE BALSAMIQUE

Ces choux de Bruxelles cuits à la perfection sont légèrement assaisonnés et cuits dans un beurre doux-amer au vinaigre balsamique. L'autocuiseur excelle à les cuire rapidement, tout en préservant texture et saveur !

PORTIONS : 4
PAR PERSONNE : 80 ML (⅓ TASSE)

PRÉPARATION : 2 MINUTES
TEMPS SOUS PRESSION : 2 MINUTES
TOTAL : 7 MINUTES

RÉGLAGE : PRESSURE COOK/SAUTÉ (CUISSON SOUS PRESSION/SAUTÉ)
LIBÉRATION : QUICK (RAPIDE)

- 500 ml (2 tasses) de choux de Bruxelles, parés et en moitiés
- 30 ml (2 c. à s.) de beurre non salé
- 1 gousse d'ail, émincée
- 23 ml (1½ c. à s.) de vinaigre balsamique
- 8 ml (½ c. à s.) de ciboulette, hachée
- 1 ml (¼ c. à t.) de sel de mer, moulu finement
- 0,5 ml (⅛ c. à t.) de poivre noir moulu

1. Placer l'étuveuse dans le récipient intérieur de l'autocuiseur, puis une marguerite sur patte sur l'étuveuse. Ajouter 375 ml (1½ tasse) d'eau au fond du récipient. Disposer les choux de Bruxelles en une couche uniforme dans la marguerite.
2. Couvrir, verrouiller le couvercle, puis placer la valve de libération de la vapeur en position blocage. Sélectionner **Pressure Cook (High)/Cuisson sous pression (Élevée)**, puis régler le temps de cuisson à **2 minutes**. Une fois le temps de cuisson complété, évacuer rapidement la pression.
3. Ouvrir le couvercle et transférer les choux de Bruxelles dans un bol moyen. Mettre en attente.
4. Retirer prudemment l'étuveuse du récipient, puis retirer le récipient intérieur de la base. Égoutter, assécher avec de l'essuie-tout et remettre le récipient sur la base.
5. Sélectionner **Sauté (Normal)**. Une fois le récipient chaud, ajouter le beurre et l'ail. Sauter en brassant souvent 1 à 2 minutes, ou jusqu'à ce que l'ail soit tendre et parfumé.
6. Ajouter le vinaigre balsamique et brasser. Ajouter les choux de Bruxelles dans le récipient et sauter 1 minute de plus, en brassant sans arrêt pour enrober les choux de sauce. Appuyer sur **Cancel (Annuler)** pour éteindre l'appareil.
7. Transférer les choux de Bruxelles et la sauce dans une assiette de service. Parsemer de ciboulette, saler et poivrer. Servir chaud.

Conseil *Pour une recette sans lait, remplacez le beurre par 30 ml (2 c. à s.) d'huile d'avocat.*

Valeur nutritive par portion
CALORIES : 74 **LIPIDES :** 6 g **GLUCIDES NETS :** 3 g **PROTÉINES :** 2 g

PORTIONS : 4
PAR PERSONNE : 175 ML (¾ TASSE)

PRÉPARATION : 5 MINUTES
TEMPS SOUS PRESSION : 2 MINUTES
TOTAL : 11 MINUTES

RÉGLAGE :
STEAM/SAUTÉ (VAPEUR/SAUTÉ)
LIBÉRATION : QUICK (RAPIDE)

HARICOTS VERTS
avec champignons et bacon

Ces haricots verts frais et colorés et ces champignons glacés au beurre sont relevés de bacon fumé et d'ail parfumé. Ce plat d'accompagnement cétogène élégant quoique simple ne saurait passer inaperçu.

450 g (1 lb) de haricots verts frais, lavés et parés

45 ml (3 c. à s.) de beurre

1 gousse d'ail, émincée

375 ml (1½ tasse) de champignons frais, tranchés

10 ml (2 c. à t.) de sauce tamari

4 tranches de bacon cuit, émietté

0,5 ml (⅛ c. à t.) de poivre noir moulu

1. Mettre les haricots verts au fond du récipient intérieur de l'autocuiseur, puis ajouter juste assez d'eau pour les couvrir.
2. Couvrir, verrouiller le couvercle, puis placer la valve de libération de la vapeur en position blocage. Sélectionner **Steam (High)/Vapeur (Élevée)**, puis régler le temps de cuisson à **2 minutes**. Une fois le temps de cuisson complété, évacuer rapidement la pression.
3. Ouvrir le couvercle et transférer les haricots dans une passoire pour égoutter. Mettre en attente.
4. Retirer prudemment le récipient intérieur de la base, égoutter, assécher avec de l'essuie-tout et remettre le récipient sur la base.
5. Sélectionner **Sauté (Normal)**. Une fois le récipient chaud, ajouté le beurre.
6. Une fois le beurre fondu, ajouter l'ail et les champignons. Sauter 1 minute, ou jusqu'à ce que les champignons commencent à ramollir.
7. Ajouter la sauce tamari. Sauter toujours en brassant sans arrêt 1 minute, ou jusqu'à ce que les champignons aient complètement absorbé la sauce.
8. Ajouter les haricots verts et le bacon émietté dans le récipient. Sauter 1 minute de plus, en brassant pour enrober de sauce les haricots et le bacon.
9. Transférer haricots et champignons dans une assiette de service et poivrer. Servir chaud.

Conseil *Pour une recette sans soya, remplacez la sauce tamari par 10 ml (2 c. à t.) de sauce aminos de coco.*

Valeur nutritive par portion
CALORIES : 178 **LIPIDES :** 12 g **GLUCIDES NETS :** 7 g **PROTÉINES :** 6 g

BROCOLI AU CITRON ET POIVRE

PORTIONS : 4
PAR PERSONNE : 125 ML (½ TASSE)

PRÉPARATION : 3 MINUTES
TEMPS SOUS PRESSION : 2 MINUTES
TOTAL : 7 MINUTES

RÉGLAGE :
STEAM/SAUTÉ (VAPEUR/SAUTÉ)
LIBÉRATION : QUICK (RAPIDE)

Cet accompagnement simple à faible teneur en glucides et riche en nutriments est à base de brocoli tendre, parfaitement et rapidement cuit à la vapeur avec l'autocuiseur. Il est servi et rehaussé d'une sauce au beurre acidulée et poivrée.

500 ml (2 tasses) de fleurons de brocoli frais

30 ml (2 c. à s.) de beurre

8 ml (1½ c. à t.) de jus de citron

3 ml (½ c. à t.) de zeste de citron

1 ml (¼ c. à t.) de sel de mer, moulu finement

1 ml (¼ c. à t.) de poivre noir moulu

1. Mettre l'étuveuse dans le récipient intérieur de l'autocuiseur, puis ajouter 250 ml (1 tasse) d'eau au fond du récipient. Ajouter les fleurons de brocoli.
2. Couvrir, verrouiller le couvercle, puis placer la valve de libération de la vapeur en position blocage. Sélectionner **Steam (High)/Vapeur (Élevée)**, puis régler le temps de cuisson à **2 minutes**. Une fois le temps de cuisson complété, évacuer rapidement la pression.
3. Ouvrir le couvercle et transférer le brocoli dans un petit bol. Mettre en attente.
4. Retirer prudemment l'étuveuse et le récipient de la base. Égoutter le récipient, assécher avec de l'essuie-tout et remettre sur la base.
5. Sélectionner **Sauté (Normal)**. Une fois le récipient intérieur chaud, ajouter le beurre. Une fois le beurre fondu, ajouter le jus et le zeste de citron. Brasser légèrement jusqu'à ce que les ingrédients soient juste combinés.
6. Ajouter les fleurons de brocoli. Brasser délicatement pour enrober les fleurons de sauce au beurre et citron.
7. Transférer le brocoli et la sauce dans un bol de service moyen. Saler et poivrer. Servir chaud.

Conseil *Utilisez toujours la méthode d'évacuation rapide de la pression quand vous cuisez des légumes dans l'autocuiseur. Laisser la pression se libérer naturellement donnera des légumes trop cuits et pâteux.*

Valeur nutritive par portion
CALORIES : 56 **LIPIDES :** 6 g **GLUCIDES NETS :** 0 g **PROTÉINES :** 0 g

CHAMPIGNON ET AIL SAUTÉS AU BEURRE

Extraordinaire accompagnement cétogène, ces riches champignons au beurre sont à faible teneur en glucides et servis dans une sauce savoureuse parfumée à l'ail. Ce plat est excellent aussi servi sur du steak, du poulet ou des burgers.

PORTIONS : 4
PAR PERSONNE : 80 ML (1/3 TASSE)

PRÉPARATION : 2 MINUTES
CUISSON : 5 MINUTES
TOTAL : 7 MINUTES

RÉGLAGE : SAUTÉ (SAUTÉ)
LIBÉRATION : AUCUNE

- 1 ml (¼ c. à t.) de fécule d'arrow-root
- 30 ml (2 c. à s.) de beurre, divisé
- 3 gousses d'ail, émincées
- 500 ml (2 tasses) de champignons frais, tranchés
- 125 ml (½ tasse) de bouillon de poulet
- 1 ml (¼ c. à t.) de sel de mer, moulu finement
- 0,5 ml (⅛ c. à t.) de poivre noir moulu

1. Dans un petit bol, combiner la fécule d'arrow-root et 15 ml (1 c. à s.) de beurre. Avec une fourchette, écraser le beurre dans la fécule d'arrow-root jusqu'à l'obtention d'un mélange homogène. Mettre en attente.
2. Sélectionner **Sauté (Normal)**. Une fois le récipient chaud, ajouter le reste de beurre.
3. Une fois le beurre fondu, ajouter l'ail et les champignons. Sauter, en brassant souvent, 2 minutes ou jusqu'à ce que les champignons soient tendres et l'ail parfumé.
4. Ajouter le bouillon de poulet. Sauter toujours, en brassant souvent, 2 minutes de plus ou jusqu'à ce que les champignons soient bruns.
5. Ajouter le mélange arrow-root-beurre. Brasser jusqu'à ce que le mélange soit fondu et que la sauce bouille et commence à épaissir légèrement. Appuyer sur **Cancel (Annuler)** pour éteindre l'appareil.
6. Transférer les champignons et la sauce dans un bol de service. Saler et poivrer. Servir chaud.

Conseil *La fécule d'arrow-root est un féculent issu de la marante (*Maranta arundinacea*), aussi appelée herbe aux flèches, utilisé comme agent épaississant. On peut l'omettre, mais la sauce sera légèrement plus liquide.*

Valeur nutritive par portion
CALORIES : 72 **LIPIDES :** 4 g **GLUCIDES NETS :** 2 g **PROTÉINES :** 2 g

ENDIVES BRAISÉES *avec bacon et gorgonzola*

Dans ce plat sophistiqué d'inspiration française, l'endive est associée à du bacon savoureux et du gorgonzola acidulé. Très goûteux, il est très simple à préparer avec l'autocuiseur.

PORTIONS : 4
PAR PERSONNE : 2 MOITIÉS

PRÉPARATION : 3 MINUTES
TEMPS SOUS PRESSION : 1 MINUTE
TOTAL : 8 MINUTES

RÉGLAGE :
STEAM/SAUTÉ (VAPEUR/SAUTÉ)
LIBÉRATION : QUICK (RAPIDE)

- 4 endives belges, coupées en 2 dans le sens de la longueur
- 23 ml (1½ c. à s.) de beurre non salé
- 2 tranches de bacon cuit, émietté
- 30 ml (2 c. à s.) de gorgonzola
- 0,5 ml (⅛ c. à t.) de sel de mer, moulu finement
- 0,5 ml (⅛ c. à t.) de poivre noir moulu

1. Placer l'étuveuse dans le récipient intérieur de l'autocuiseur, puis ajouter 250 ml (1 tasse) d'eau au fond du récipient. Mettre les moitiés d'endives sur l'étuveuse.
2. Couvrir, verrouiller le couvercle, puis placer la valve de libération de la vapeur en position blocage. Sélectionner **Steam/Vapeur**, puis régler le temps de cuisson à **1 minute.** Une fois le temps de cuisson complété, évacuer rapidement la pression.
3. Ouvrir le couvercle, puis transférer prudemment les moitiés d'endives dans une assiette. Mettre en attente.
4. Retirer prudemment l'étuveuse et le récipient de la base. Égoutter le récipient intérieur, rincer, assécher avec de l'essuie-tout et remettre sur la base.
5. Sélectionner **Sauté (Normal)**. Une fois le récipient chaud, ajouter le beurre.
6. Une fois le beurre fondu, ajouter les moitiés d'endives dans le récipient, côté coupé dessous et sauter (sans brasser) 2 minutes, ou jusqu'à ce qu'elles soient dorées.
7. Tourner les moitiés d'endives pour dorer l'autre côté 2 minutes de plus. Ajouter le bacon.
8. Transférer les moitiés d'endives dans une assiette de service. Avec une cuillère, garnir du bacon, puis parsemer de gorgonzola. Saler et poivrer. Servir chaud.

Conseil *Pour une recette sans lait, remplacez le beurre par 23 ml (1½ c. à s.) d'huile d'olive et omettez le gorgonzola.*

Valeur nutritive par portion
CALORIES : 77 **LIPIDES :** 5 g **GLUCIDES NETS :** 2 g **PROTÉINES :** 4 g

COURGES EN MÉLANGE À L'ITALIENNE

PORTIONS : 5
PAR PERSONNE : 125 ML (½ TASSE)

PRÉPARATION : 5 MINUTES
TEMPS SOUS PRESSION : 2 MINUTES
TOTAL : 12 MINUTES

RÉGLAGE : STEAM (VAPEUR)
LIBÉRATION : QUICK (RAPIDE)

Ce plat d'accompagnement coloré est préparé avec des courgettes vapeur assaisonnées de parmesan et d'épices italiennes. Très faible en glucides, il accompagne magnifiquement toute protéine.

375 ml (1½ tasse) de courgettes, tranchées

375 ml (1½ tasse) de courgettes jaunes, tranchées

40 ml (2½ c. à s.) beurre, fondu

8 ml (½ c. à s.) d'épices italiennes

3 ml (½ c. à t.) de sel de mer, moulu finement

1 ml (¼ c. à t.) de poivre noir moulu

30 ml (2 c. à s.) de parmesan, râpé

1 Placer une marguerite sur pattes dans le récipient intérieur de l'autocuiseur, puis ajouter 375 ml (1½ tasse) d'eau au fond du récipient. Déposer les courgettes et les courgettes jaunes dans la marguerite.

2 Couvrir, verrouiller le couvercle, puis placer la valve de libération de la vapeur en position blocage. Sélectionner **Steam (High)/Vapeur (Élevée)**, puis régler le temps de cuisson à **2 minutes**. Une fois le temps de cuisson complété, évacuer rapidement la pression.

3 Ouvrir le couvercle, puis transférer les courgettes dans un grand bol

4 Ajouter le beurre fondu, les épices italiennes, le sel de mer, le poivre et le parmesan dans le bol. Brasser pour bien enrober les courgettes de beurre et d'épices.

5 Transférer dans des assiettes. Servir chaud.

Conseil *Si vous n'avez pas de marguerite sur pattes, utilisez un bol allant au four que vous placez sur l'étuveuse.*

Valeur nutritive par portion
CALORIES : 74 **LIPIDES :** 6 g **GLUCIDES NETS :** 1 g **PROTÉINES :** 1 g

BROCOLI ET CHOU-FLEUR VAPEUR *aux herbes*

Des légumes vapeur sont ici associés à de l'ail parfumé, du parmesan acidulé et des herbes dans ce plat à faible teneur en glucides extrêmement facile à préparer dans l'autocuiseur.

PORTIONS : 4
PAR PERSONNE : 125 ML (½ TASSE)

PRÉPARATION : 5 MINUTES
TEMPS SOUS PRESSION : 3 MINUTES
TOTAL : 13 MINUTES

RÉGLAGE : STEAM (VAPEUR)
LIBÉRATION : QUICK (RAPIDE)

250 ml (1 tasse) de fleurons de brocoli frais
250 ml (1 tasse) de fleurons de chou-fleur frais
45 ml (3 c. à s.) d'huile d'olive
2 gousses d'ail, émincées
45 ml (3 c. à s.) de parmesan, râpé
3 ml (½ c. à t.) de persil séché
1 ml (¼ c. à t.) de thym séché
3 ml (½ c. à t.) de sel de mer, moulu finement
1 ml (¼ c. à t.) de poivre noir moulu

1. Tapisser une grande plaque à pâtisserie de papier d'aluminium. Mettre en attente.
2. Placer une marguerite sur pattes dans le récipient intérieur, puis ajouter 250 ml (1 tasse) d'eau au fond du récipient. Ajouter les fleurons de brocoli et de chou-fleur dans la marguerite.
3. Couvrir, verrouiller le couvercle, puis placer la valve de libération de la vapeur en position blocage. Sélectionner **Steam (High)/Vapeur (Élevée)**, puis régler le temps de cuisson à **3 minutes**.
4. Pendant ce temps, préchauffer le gril du four.
5. Une fois le temps de cuisson complété, évacuer rapidement la pression. Ouvrir le couvercle, puis transférer le brocoli et le chou-fleur dans un grand bol.
6. Ajouter le reste des ingrédients dans le bol. Brasser pour bien enrober.
7. Disposer les légumes en une seule couche sur la plaque préparée. Mettre sous le gril 5 minutes ou jusqu'à ce que les légumes commencent à dorer.
8. Sortir prudemment la plaque du four et transférer les légumes dans un bol de service. Servir chaud.

Conseil *Si vous utilisez des fleurons de brocoli et de chou-fleur surgelés non décongelés, augmentez le temps de cuisson d'une minute.*

Valeur nutritive par portion
CALORIES : 112 **LIPIDES :** 11 g **GLUCIDES NETS :** 1 g **PROTÉINES :** 2 g

ARTICHAUTS VAPEUR *avec dijonnaise crémeuse*

PORTIONS : 4
PAR PERSONNE : ½ CŒUR D'ARTICHAUT ET 30 ML (2 C. À S.) DE TREMPETTE

PRÉPARATION : 5 MINUTES
TEMPS SOUS PRESSION : 11 MINUTES
TOTAL : 26 MINUTES

RÉGLAGE : STEAM (VAPEUR)
LIBÉRATION : NATURAL/QUICK (NATURELLE/RAPIDE)

Dans ce plat d'accompagnement classique à faible teneur en glucides et riches en nutriments et en fibres, les artichauts sont cuits à la perfection et offerts avec une trempette crémeuse aux arômes d'agrumes et de moutarde.

125 ml (½ tasse) d'eau

125 ml (½ tasse) de bouillon de poulet

2 gousses d'ail, broyées

2 artichauts, tiges et feuilles extérieures coriaces enlevées, pointes des feuilles parées

SAUCE

90 ml (6 c. à s.) de mayonnaise

23 ml (1½ c. à s.) de moutarde de Dijon

10 ml (2 c. à t.) de jus de citron

1 ml (¼ c. à t.) de sel de mer, moulu finement

1 ml (¼ c. à t.) de poivre noir moulu

1 Préparer la sauce dans un bol moyen en combinant tous les ingrédients. Brasser jusqu'à ce que le mélange soit homogène. Couvrir d'une pellicule plastique et réfrigérer.

2 Verser l'eau, le bouillon de poulet et l'ail dans le récipient intérieur de l'autocuiseur. Brasser.

3 Mettre l'étuveuse dans le récipient intérieur, puis déposer les artichauts tête en bas sur l'étuveuse.

4 Couvrir, verrouiller le couvercle, puis placer la valve de libération de la vapeur en position blocage. Sélectionner **Steam (High)/Vapeur (Élevée)**, puis régler le temps de cuisson à **11 minutes**.

5 Une fois le temps de cuisson complété, laisser la pression se libérer naturellement 10 minutes, puis évacuer rapidement la pression résiduelle.

6 Ouvrir le couvercle puis, avec une pince, transférer prudemment les artichauts sur une planche à découper. Trancher en moitiés dans le sens de la longueur.

7 Avec une cuillère, retirer le cœur des demi-artichauts en prenant soin d'enlever le foin, puis transférer coquilles extérieures et cœurs dans une assiette.

8 Arroser le tout d'une petite quantité de bouillon du récipient. Servir chaud avec la sauce dijonnaise comme trempette d'accompagnement.

Conseil *Utilisez un ciseau de cuisine pour parer les pointes des feuilles et un couteau pour retirer tige et dessus.*

Valeur nutritive par portion
CALORIES : 176 **LIPIDES :** 15 g **GLUCIDES NETS :** 4 g **PROTÉINES :** 3 g

CHOU-FLEUR VAPEUR
avec sauce au fromage

PORTIONS : 4
PAR PERSONNE :
125 ML (½ TASSE) DE CHOU-FLEUR ET 30 ML (2 C. À S.) DE SAUCE AU FROMAGE

PRÉPARATION : 4 MINUTES
TEMPS SOUS PRESSION : 19 MINUTES
TOTAL : 23 MINUTES

RÉGLAGE :
PRESSURE COOK/STEAM (CUISSON SOUS PRESSION/VAPEUR)
LIBÉRATION : QUICK (RAPIDE)

Du chou-fleur cuit à la perfection et nappé d'une sauce au cheddar réconfortante et crémeuse dans ce plat d'accompagnement cétogène à faible teneur en glucides, sans gluten et gorgé d'antioxydants et de gras sains.

- 60 ml (¼ tasse) de crème sure riche en matière grasse
- 55 g (2 oz) de fromage à la crème ferme
- 15 ml (1 c. à s.) de beurre non salé
- 80 ml (⅓ tasse) de cheddar, râpé
- 60 ml (¼ tasse) de crème 35 % de matières grasses
- 3 ml (½ c. à t.) de poudre d'ail
- 3 ml (½ c. à t.) de sel de mer, moulu finement
- 1 ml (¼ c. à t.) de poivre noir moulu
- 500 ml (2 tasses) de fleurons de chou-fleur frais

1. Mettre l'étuveuse dans le récipient intérieur du l'autocuiseur, puis ajouter 250 ml (1 tasse) d'eau au fond du récipient.
2. Dans un plat à soufflé de 15,25 cm (6 po) de diamètre, combiner crème sure, fromage à la crème, beurre, cheddar, crème, poudre d'ail, sel de mer et poivre noir. Couvrir hermétiquement de papier d'aluminium et déposer sur l'étuveuse.
3. Couvrir, verrouiller le couvercle, puis placer la valve de libération de la vapeur en position blocage. Sélectionner **Pressure Cook (High)/Cuisson sous pression (Élevée)**, puis régler le temps de cuisson à **16 minutes**. Une fois le temps de cuisson complété, évacuer rapidement la pression.
4. Ouvrir le couvercle, saisir les poignées de l'étuveuse et sortir prudemment étuveuse et plat du récipient. Retirer le papier d'aluminium pour brasser vigoureusement la sauce jusqu'à ce qu'elle soit onctueuse et crémeuse. Couvrir le plat du papier d'aluminium et mettre en attente.
5. Sortir prudemment le récipient de la base, égoutter, puis remettre sur la base. Placer une marguerite sur pattes dans le récipient et ajouter 250 ml (1 tasse) d'eau au fond du récipient. Transférer les fleurons de chou-fleur dans la marguerite.
6. Couvrir, verrouiller le couvercle, puis placer la valve de libération de la vapeur en position blocage. Sélectionner **Steam (High)/Vapeur (Élevée)**, puis régler le temps de cuisson à **3 minutes**. Une fois le temps de cuisson complété, évacuer rapidement la pression.
7. Ouvrir le couvercle et, avec une pince, transférer les fleurons de chou-fleur dans 4 bols.
8. Retirer le papier d'aluminium du plat de sauce au fromage. Si la sauce est trop épaisse, ajouter 15 ml (1 c. à s.) d'eau et brasser. Ajouter ainsi de l'eau jusqu'à l'obtention de la consistance désirée.
9. Avec une cuillère, napper le dessus de chaque portion de 30 ml (2 c. à s.) de sauce. Servir chaud.

Conseil *Si vous utilisez des fleurons de chou-fleur surgelés non décongelés dans cette recette, augmentez le temps de cuisson à 6 minutes.*

Valeur nutritive par portion
CALORIES : 215 **LIPIDES :** 20 g **GLUCIDES NETS :** 4 g **PROTÉINES :** 5 g

SALADE DE BIFTECK
de hampe avec gorgonzola

Cette salade classique nourrissante facile à préparer, à faible teneur en glucides et sans gluten, comprend du bifteck de hampe mariné, tendre et savoureux, gratiné de gorgonzola acidulé et arrosé d'une vinaigrette rafraîchissante.

PORTIONS : 4
PAR PERSONNE : 1 SALADE ET 115 G (¼ LB) DE STEAK

PRÉPARATION : 6 MINUTES
TEMPS SOUS PRESSION : 25 MINUTES
TOTAL : 1 HEURE 10 MINUTES

RÉGLAGE : SAUTÉ/PRESSURE COOK (SAUTÉ/CUISSON SOUS PRESSION)
LIBÉRATION : NATURAL/QUICK (NATURELLE/RAPIDE)

45 ml (3 c. à s.) d'huile d'olive
2 gousses d'ail, émincées
3 ml (½ c. à t.) de sel de mer, moulu finement
1 ml (¼ c. à t.) de poivre noir moulu
1 ml (¼ c. à t.) de paprika
450 g (1 lb) de bifteck de hampe, en 4 morceaux égaux
15 ml (1 c. à s.) d'huile d'avocat
1 l (4 tasses) de mélange de laitues de printemps
½ laitue romaine, en bouchées
12 tomates cerises, en moitiés
30 ml (2 c. à s.) de gorgonzola, émietté

VINAIGRETTE

80 ml (⅓ tasse) d'huile d'olive
45 ml (3 c. à s.) de vinaigre de vin rouge
30 ml (2 c. à s.) de jus de citron frais
5 ml (1 c. à t.) de sel de mer, moulu finement
1 ml (¼ c. à t.) de poivre noir moulu

1. Combiner huile d'olive, ail, sel de mer, poivre noir et paprika dans un sac à congélation à glissière. Sceller et brasser les ingrédients pour combiner. Ajouter le bifteck de hampe dans le sac, sceller et tourner le sac pour enrober les steaks de marinade. Réfrigérer 20 minutes.
2. Régler à **Sauté (Sauté)**. Une fois le récipient chaud, ajouter l'huile d'avocat et laisser chauffer 2 minutes. Retirer les steaks du sac, déposer dans le récipient et sauter 3 à 4 minutes par côté jusqu'à ce qu'ils soient dorés. Appuyer sur **Cancel (Annuler)** pour éteindre l'appareil. Transférer les steaks dans une assiette et mettre en attente.
3. Mettre une feuille de papier d'aluminium de 50 cm (20 po) sur une planche à découper en repliant les bords vers le haut. Déposer les steaks marinés sur la feuille de papier, arroser avec la marinade. Replier le papier d'aluminium sur les steaks pour former un sachet (empiler les steaks au besoin). Déposer le sachet sur l'étuveuse.
4. Couvrir, verrouiller le couvercle, puis placer la valve de libération de la vapeur en position blocage. Sélectionner **Pressure Cook (High)/Cuisson sous pression (Élevée)**, puis régler le temps de cuisson à **25 minutes**.
5. Pendant ce temps, préparer la vinaigrette en combinant tous les ingrédients dans un contenant refermable. Fermer hermétiquement et secouer jusqu'à ce que les ingrédients soient bien combinés. Réfrigérer pour refroidir.
6. Une fois le temps de cuisson des steaks complété, laisser la pression se libérer naturellement 5 minutes, puis évacuer rapidement la pression résiduelle. Ouvrir le couvercle et transférer prudemment le sachet sur une planche à découper. Ouvrir le sachet et laisser les steaks reposer 5 minutes.
7. Disposer 250 ml (1 tasse) de mélange de laitue de printemps et 250 ml (1 tasse) de romaine dans 4 assiettes. Trancher les steaks en lanières minces et déposer une égale quantité sur chaque lit de laitue. Répartir également les tomates cerises, puis parsemer de 8 ml (½ c. à s.) de gorgonzola. Secouer la vinaigrette et arroser chaque portion de 40 ml (2½ c. à s.) du mélange. Servir immédiatement.

Conseil *Si vous préférez le steak froid, réfrigérez les lanières 20 minutes avant de servir.*

Valeur nutritive par portion
CALORIES : 475 **LIPIDES :** 39 g **GLUCIDES NETS :** 2 g **PROTÉINES :** 31 g

COLLATIONS
ET AMUSE-GUEULE

AILES DE POULET À LA JAMAÏCAINE

PORTIONS : 4
PAR PERSONNE : 3 AILES

PRÉPARATION : 2 HEURES 4 MINUTES
TEMPS SOUS PRESSION : 7 MINUTES
TOTAL : 2 HEURES 17 MINUTES

RÉGLAGE : PRESSURE COOK (CUISSON SOUS PRESSION)
LIBÉRATION : NATURAL/QUICK (NATURELLE/RAPIDE)

Des épices jamaïcaines riches et parfumées ajoutent un léger piquant à ces ailes de poulet sans sacrifier la douceur de la note de cannelle. C'est une entrée délicieuse à très faible teneur en glucides, mais riche en saveurs !

12 ailes de poulet, avec os et peau
30 ml (2 c. à s.) d'oignons verts, hachés

MARINADE

80 ml (⅓ tasse) d'huile d'avocat
8 ml (½ c. à s.) de vinaigre de cidre
8 ml (1½ c. à t.) d'édulcorant érythritol en granules
5 ml (1 c. à t.) de sel de mer, moulu finement
5 ml (1 c. à t.) d'épices de la Jamaïque
5 ml (1 c. à t.) de poudre d'oignon
3 ml (½ c. à t.) de poudre d'ail
3 ml (½ c. à t.) de poivre noir moulu
3 ml (½ c. à t.) de muscade moulue
3 ml (½ c. à t.) de gingembre moulu
1 ml (¼ c. à t.) de poivre de Cayenne
1 ml (¼ c. à t.) de cannelle moulue
1 ml (¼ c. à t.) de feuilles de thym séché

1. Tapisser une grande plaque à pâtisserie de papier d'aluminium. Mettre en attente.
2. Préparer la marinade dans un grand bol en combinant tous les ingrédients. Fouetter jusqu'à l'obtention d'un mélange homogène.
3. Ajouter les ailes de poulet à la marinade et brasser pour enrober. Couvrir le bol d'une pellicule plastique et réfrigérer 2 heures.
4. Mettre l'étuveuse dans le récipient intérieur de l'autocuiseur, puis ajouter 250 ml (1 tasse) d'eau au fond du récipient.
5. Une fois le temps de marinage complété, sortir les ailes de poulet du réfrigérateur et empiler sur l'étuveuse.
6. Couvrir, verrouiller le couvercle et placer la valve de libération de la vapeur en position blocage. Sélectionner **Pressure Cook (High)/Cuisson sous pression (Élevée)**, puis régler le temps de cuisson à **7 minutes**.
7. Pendant ce temps, préchauffer le gril du four.
8. Une fois le temps de cuisson du poulet complété, laisser la pression se libérer naturellement 10 minutes, puis évacuer rapidement la pression résiduelle.
9. Ouvrir le couvercle et, avec une pince, transférer les ailes de poulet sur la plaque de cuisson préparée. Placer sous le gril 6 minutes pour dorer, en tournant à mi-cuisson.
10. Retirer du four et transférer dans une assiette de service. Parsemer d'oignons verts. Servir chaud.

Conseil *Pour des ailes de poulet plus piquantes, ajouter 1 ml (¼ c. à t.) de plus de poivre de Cayenne dans la marinade.*

Valeur nutritive par portion
CALORIES : 340 **LIPIDES :** 30 g **GLUCIDES NETS :** 2 g **PROTÉINES :** 14 g

CHAMPIGNONS FARCIS À LA SAUCISSE

Ces délicieux chapeaux de champignons farcis sont nourrissants et riches en fromage. À faible teneur en glucides, sans gluten, ils font de parfaits amuse-gueule cétogènes ou une collation consistante.

PORTIONS : 4
PAR PERSONNE : 3 CHAMPIGNONS

PRÉPARATION : 5 MINUTES
TEMPS SOUS PRESSION : 20 MINUTES
TOTAL : 40 MINUTES

RÉGLAGE : SAUTÉ/PRESSURE COOK (SAUTÉ/CUISSON SOUS PRESSION)
LIBÉRATION : QUICK (RAPIDE)

115 g (¼ lb) de chair à saucisse de porc, sans sucre ajouté

1 gousse d'ail, émincée

85 g (3 oz) de fromage à la crème ferme, ramolli et en cubes

30 ml (2 c. à s.) de parmesan, râpé et divisé

3 ml (½ c. à t.) de poudre d'ail

3 ml (½ c. à t.) de poudre d'oignon

3 ml (½ c. à t.) de persil séché

1 ml (¼ c. à t.) de poivre noir moulu

12 gros champignons de Paris blancs frais, la tige enlevée

15 ml (1 c. à s.) de farine d'amandes

1. Vaporiser un plat à soufflé allant au four de 16,5 cm (6,5 po) d'enduit antiadhésif à l'huile de noix de coco. Mettre en attente.
2. Sélectionner **Sauté (Normal)**. Une fois le récipient chaud, défaire la chair à saucisse dans le récipient. Sauter 6 minutes ou jusqu'à ce qu'elle soit dorée et cuite de part en part. Ajouter l'ail, brasser et sauter toujours jusqu'à ce que l'ail soit tendre et parfumé.
3. Ajouter fromage à la crème, 15 ml (1 c. à s.) de parmesan, poudre d'ail, poudre d'oignon, persil et poivre noir. Brasser jusqu'à ce que tous les ingrédients soient combinés et le fromage à la crème fondu. Appuyer sur **Cancel (Annuler)** pour éteindre l'appareil. Transférer le mélange à la saucisse dans un grand bol. Mettre en attente.
4. Retirer le récipient intérieur de la base, rincer et essuyer avec de l'essuie-tout. Remettre sur la base. Placer l'étuveuse à l'intérieur, puis ajouter 250 ml (1 tasse) d'eau au fond du récipient.
5. Disposer les chapeaux de champignons dans le plat à soufflé. Avec une cuillère, farcir les chapeaux du mélange à la saucisse. Transférer le plat sur l'étuveuse.
6. Couvrir, verrouiller le couvercle et placer la valve de libération de la vapeur en position blocage. Sélectionner **Pressure Cook (High)/Cuisson sous pression (Élevée)**, puis régler le temps de cuisson à **20 minutes**.
7. Pendant ce temps, préchauffer le gril du four.
8. Une fois le temps de cuisson complété, évacuer rapidement la pression.
9. Ouvrir le couvercle et sortir prudemment le plat à soufflé du récipient. Parsemer le dessus des chapeaux de champignons de farine d'amandes et du reste de parmesan. Mettre le plat à soufflé au four et griller 3 minutes, ou jusqu'à ce que le dessus commence à dorer.
10. Retirer du four. Avec une pince, transférer les champignons farcis dans une assiette de service. Servir chaud.

Conseil *Vous pouvez remplacer les champignons de Paris blancs par des champignons Cremini.*

Valeur nutritive par portion
CALORIES : 204 **LIPIDES :** 17 g **GLUCIDES NETS :** 3 g **PROTÉINES :** 9 g

AILES DE POULET BUFFALO

PORTIONS : 4
PAR PERSONNE : 3 AILES

PRÉPARATION : 5 MINUTES
TEMPS SOUS PRESSION : 7 MINUTES
TOTAL : 22 MINUTES

RÉGLAGE : PRESSURE COOK (CUISSON SOUS PRESSION)
LIBÉRATION : QUICK (RAPIDE)

Ces ailes de poulet Buffalo épicées et en sauce sont à faible teneur en glucides, sans gluten et tout aussi riches et onctueuses que les ailes de votre restaurant favori… mais sans la cuisson dans l'huile !

5 ml (1 c. à t.) de paprika fumé
3 ml (½ c. à t.) de poudre d'ail
5 ml (1 c. à t.) de sel de mer, moulu finement
3 ml (½ c. à t.) de poivre noir moulu
1 ml (¼ c. à t.) de graines de céleri
0,5 ml (⅛ c. à t.) de poivre de Cayenne
23 ml (1½ c. à s.) d'huile d'olive
12 ailes de poulet, avec os et peau
60 ml (¼ tasse) de sauce de piment fort
60 ml (¼ tasse) de beurre non salé
30 ml (2 c. à s.) de coriandre, hachée (facultatif)

1. Dans un petit bol, combiner paprika fumé, poudre d'ail, sel de mer, poivre noir, graines de céleri, poivre de Cayenne et huile d'olive. Bien brasser pour combiner. Mettre en attente.
2. Dans un grand bol, combiner les ailes de poulet et le mélange épicé. Avec une pince, brasser le poulet pour bien l'enrober du mélange.
3. Mettre l'étuveuse dans le récipient intérieur, puis ajouter 150 ml (⅔ tasse) d'eau au fond du récipient. Empiler les ailes de poulet sur l'étuveuse.
4. Couvrir, verrouiller le couvercle et placer la valve de libération de la vapeur en position blocage. Sélectionner **Pressure Cook (High)/Cuisson sous pression (Élevée)**, puis régler le temps de cuisson à **7 minutes**.
5. Pendant ce temps, préchauffer le gril du four. Tapisser une grande plaque à pâtisserie de papier d'aluminium, puis vaporiser d'enduit antiadhésif à l'huile de noix de coco. Mettre en attente.
6. Dans une petite casserole à feu moyen, combiner la sauce de piment fort et le beurre. Cuire, en brassant sans arrêt, jusqu'à ce que le beurre soit fondu et le mélange homogène. Couvrir, réduire à feu doux et laisser mijoter 3 minutes. Retirer la casserole du feu et mettre en attente.
7. Une fois le temps de cuisson du poulet complété, évacuer rapidement la pression. Ouvrir le couvercle puis, avec une pince, transférer les ailes de poulet dans un grand bol. Verser la moitié de la sauce Buffalo sur les ailes et, avec la pince, enrober les ailes de sauce.
8. Disposer sur la plaque de cuisson préparée. Placer la plaque sur une grille juste au-dessus du centre du four, laisser la porte du four entrouverte et griller 6 minutes, en tournant les ailes à mi-cuisson.
9. Brasser le reste de sauce Buffalo. Avec un pinceau à pâtisserie, enduire les ailes avant de transférer dans une assiette de service. Parsemer de coriandre (si désiré). Servir chaud.

Conseil *Pour des ailes de poulet plus piquantes, ajouter 0,5 à 1 ml (⅛ à ¼ c. à t.) de plus de poivre de Cayenne.*

Valeur nutritive par portion
CALORIES : 326 **LIPIDES :** 27 g **GLUCIDES NETS :** 1 g **PROTÉINES :** 16 g

PORTIONS : 5
PAR PERSONNE : 2 BOUCHÉES

PRÉPARATION : 5 MINUTES
TEMPS SOUS PRESSION : 4 MINUTES
TOTAL : 28 MINUTES

RÉGLAGE : SAUTÉ/PRESSURE COOK (SAUTÉ/CUISSON SOUS PRESSION)
LIBÉRATION : QUICK (RAPIDE)

BOUCHÉES JALAPEÑO ET BACON

Dans ce classique cétogène, des jalapeños sont farcis de fromage à la crème épicé et enveloppés de bacon fumé. Ces bouchées, au goût parfaitement équilibré, sont à faible teneur en glucides et sans gluten.

10 tranches de bacon, non cuit

5 jalapeños moyens, coupés en deux dans le sens de la longueur, sans la tige et épépinés

110 g (4 oz) de fromage à la crème ferme, ramolli et en cubes

60 ml (¼ tasse) de mozzarella, râpée

1 ml (¼ c. à t.) de sel de mer, moulu finement

0,5 ml (⅛ c. à t.) de poivre noir moulu

1 ml (¼ c. à t.) de persil séché

1 ml (¼ c. à t.) de poudre d'oignon

1 ml (¼ c. à t.) de cumin moulu

1. Tapisser une grande plaque à pâtisserie de papier d'aluminium. Mettre en attente.
2. Sélectionner **Sauté (Normal)**. Une fois le récipient chaud, ajouter la moitié du bacon et sauter 4 minutes par côté ou jusqu'à ce qu'il soit partiellement cuit des deux côtés. Transférer dans une assiette doublée d'essuie-tout pour égoutter. Répéter avec le reste de bacon.
3. Ajouter les moitiés de jalapeños dans le récipient. Sauter dans le gras de bacon 4 minutes par côté ou jusqu'à ce que la peau commence à cloquer. Transférer dans une assiette doublée d'essuie-tout pour égoutter. Appuyer sur **Cancel (Annuler)** pour éteindre l'appareil, puis retirer le récipient intérieur de la base pour refroidir.
4. Une fois assez refroidi pour être manipulé, rincer, assécher avec de l'essuie-tout et remettre sur la base. Placer l'étuveuse dans le récipient intérieur, puis ajouter 250 ml (1 tasse) d'eau au fond du récipient.
5. Dans un grand bol, combiner fromage à la crème, mozzarella, sel de mer, poivre noir, persil, poudre d'oignon et cumin. Bien mêler.
6. Avec une cuilllère, farcir les coquilles de jalapeños du mélange de fromage à la crème, puis entourer chacune d'une tranche de bacon partiellement cuite. Déposer les jalapeños farcis, peau dessous, sur l'étuveuse.
7. Couvrir, verrouiller le couvercle et placer la valve de libération de la vapeur en position blocage. Sélectionner **Pressure Cook (Low)/Cuisson sous pression (Basse)**, puis régler le temps de cuisson à **4 minutes**.
8. Pendant ce temps, préchauffer le gril du four.
9. Une fois le temps de cuisson des jalapeños complété, évacuer rapidement la pression.
10. Avec une pince, transférer les bouchées sur la plaque préparée, puis placer sous le gril 3 minutes, ou jusqu'à ce que le bacon soit croustillant.
11. Retirer du four et transférer dans une assiette de service. Servir chaud.

Conseil *Pour « plus de chaleur », remplacez les jalapeños par des piments serrano.*

Valeur nutritive par portion
CALORIES : 181 **LIPIDES :** 16 g **GLUCIDES NETS :** 3 g **PROTÉINES :** 8 g

TREMPETTE RATATOUILLE

Cette trempette aux légumes piquante et colorée est servie avec du concombre frais et croustillant. Cette variante cétogène d'un classique français, à faible teneur en glucides et sans gluten, peut aussi devenir une collation rassasiante.

PORTIONS : 4
PAR PERSONNE : 125 ML (½ TASSE) ET 3 TRANCHES DE CONCOMBRE

PRÉPARATION : 8 MINUTES
TEMPS SOUS PRESSION : 10 MINUTES
TOTAL : 26 MINUTES

RÉGLAGE : SAUTÉ/PRESSURE COOK (SAUTÉ/CUISSON SOUS PRESSION)
LIBÉRATION : QUICK (RAPIDE)

- 250 ml (1 tasse) d'aubergine, en dés
- 8 ml (½ c. à s.) de sel de mer, moulu finement
- 60 ml (¼ tasse) d'huile d'olive vierge extra, divisée
- 3 gousses d'ail, émincées
- 150 ml (⅔ tasse) de courgettes, en dés
- 125 ml (½ tasse) de courgettes jaunes, en dés
- 2 mini-poivrons, cœur enlevé, épépinés et tranchés finement
- 4 feuilles de basilic frais
- 80 ml (⅓ tasse) de sauce tomate, sans sucre ajouté
- 3 ml (½ c. à t.) de flocons de piment rouge, broyés
- 1 grosse tomate, en 4 tranches épaisses
- 30 ml (2 c. à s.) de persil plat, haché
- 1 concombre anglais, en 12 tranches épaisses (pour servir)

1. Vaporiser un plat à soufflé allant au four de 15,25 cm (6 po) d'enduit antiadhésif à l'huile de noix de coco. Mettre en attente.
2. Transférer l'aubergine dans un bol moyen. Saler en enrobant bien. Mettre en attente.
3. Sélectionner **Sauté (Normal)**. Ajouter 30 ml (2 c. à s.) d'huile d'olive dans le récipient intérieur. Une fois l'huile chaude, ajouter ail, courgettes et courgettes jaunes. Sauter 3 minutes ou jusqu'à ce que les courgettes soient tendres.
4. Ajouter les poivrons et les feuilles de basilic. Sauter 4 minutes de plus. Transférer le mélange de courgettes dans le plat préparé. Mettre en attente.
5. Transférer l'aubergine dans une assiette doublée d'essuie-tout pour essorer 3 minutes.
6. Ajouter le reste d'huile d'olive dans le récipient, puis l'aubergine. Sauter 4 minutes ou jusqu'à ce qu'elle soit tendre. Appuyer sur **Cancel (Annuler)** pour éteindre l'appareil.
7. Transférer l'aubergine dans le plat avec les courgettes. Ajouter sauce tomate et flocons de piment rouge. Brasser délicatement. Disposer les tranches de tomate sur le dessus. Mettre en attente.
8. Retirer prudemment le récipient intérieur de la base, rincer, essuyer avec de l'essuie-tout et remettre sur la base. Placer l'étuveuse à l'intérieur du récipient, puis ajouter 250 ml (1 tasse) d'eau au fond du récipient. Mettre le plat sur l'étuveuse.
9. Couvrir, verrouiller le couvercle et placer la valve de libération de la vapeur en position blocage. Sélectionner **Presssure Cook (High)/Cuisson sous pression (Élevée)**, puis régler le temps de cuisson à **10 minutes**. Une fois le temps de cuisson complété, évacuer rapidement la pression.
10. Ouvrir le couvercle et sortir prudemment le plat du récipient. Parsemer de persil et servir chaud avec les tranches de concombre en accompagnement pour tremper.

Conseil *Si vous n'avez pas de courgettes jaunes, ajoutez 125 ml (½ tasse) de plus à la quantité de courgettes régulières en dés.*

Valeur nutritive par portion
CALORIES : 167 **LIPIDES :** 15 g **GLUCIDES NETS :** 6 g **PROTÉINES :** 2 g

MINI-POIVRONS FARCIS AUX TACOS

Vous pouvez toujours consommer des mets mexicains en suivant une diète cétogène ! Cette collation du Mexique goûte comme un taco, mais sans la coquille riche en glucides. Ces petites bouchées à faible teneur en glucides font de parfaits amuse-gueule !

PORTIONS : 5
PAR PERSONNE : 2 POIVRONS

PRÉPARATION : 5 MINUTES
TEMPS SOUS PRESSION : 2 MINUTES
TOTAL : 50 MINUTES

RÉGLAGE : SAUTÉ/PRESSURE COOK (SAUTÉ/CUISSON SOUS PRESSION)
LIBÉRATION : QUICK (RAPIDE)

- 8 ml (½ c. à s.) d'huile d'olive
- 5 mini-poivrons, coupés en deux dans le sens de la longueur et épépinés
- 150 g (⅓ lb) de bœuf haché
- 80 ml (⅓ tasse) de sauce tomate, sans sucre ajouté
- 3 ml (½ c. à t.) de poudre de chili
- 1 ml (¼ c. à t.) de cumin moulu
- 1 ml (¼ c. à t.) de poudre d'ail
- 0,5 ml (⅛ c. à t.) de poudre d'oignon
- 0,5 ml (⅛ c. à t.) de paprika
- 1 ml (¼ c. à t.) de sel de mer, moulu finement
- 80 ml (⅓ tasse) de cheddar, râpé
- 15 ml (1 c. à s.) d'olives noires, tranchées
- 30 ml (2 c. à s.) de crème sure riche en matière grasse
- 15 ml (1 c. à s.) de coriandre fraîche, hachée (facultatif)

1. Sélectionner **Sauté (Normal)**, puis ajouter l'huile d'olive dans le récipient. Une fois l'huile chaude, ajouter les poivrons et sauter 3 minutes ou jusqu'à ce que la peau commence à cloquer. Transférer dans une grande assiette. Mettre en attente.
2. Ajouter le bœuf haché dans le récipient intérieur. En utilisant une cuillère en bois pour brasser et défaire la viande, sauter 4 minutes ou jusqu'à ce que la viande soit dorée.
3. Ajouter sauce tomate, poudre de chili, cumin, poudre d'ail, poudre d'oignon, paprika et sel de mer. Brasser. Chauffer le mélange, en brassant sans arrêt, jusqu'à ce qu'il commence à bouillonner. Transférer le mélange dans un bol moyen. Appuyer sur **Cancel (Annuler)** pour éteindre l'appareil.
4. Avec une cuillère, farcir les demi-poivrons du mélange au bœuf haché.
5. Placer l'étuveuse dans le récipient, puis ajouter 250 ml (1 tasse) d'eau au fond du récipient. Mettre une marguerite sur pattes sur l'étuveuse, puis disposer les poivrons, côté peau dessous, dans la marguerite.
6. Couvrir, verrouiller le couvercle, puis placer la valve de libération de la vapeur en position blocage. Sélectionner **Pressure Cook (Low)/Cuisson sous pression (Basse)**, puis régler le temps de cuisson à **2 minutes**. Une fois le temps de cuisson complété, évacuer rapidement la pression.
7. Ouvrir le couvercle et parsemer le dessus des poivrons de cheddar. Refermer pour laisser fondre le cheddar 2 minutes.
8. Ouvrir et transférer les poivrons dans une assiette de service. Garnir chacun d'olives noires et d'une petite cuillerée de crème sure. Parsemer le dessus de coriandre (si désiré). Servir chaud.

Conseil *Pour une recette sans lait, remplacer le cheddar par 80 ml (⅓ tasse) de fromage d'amandes et omettez la crème sure.*

Valeur nutritive par portion
CALORIES : 135 **LIPIDES :** 9 g **GLUCIDES NETS :** 4 g **PROTÉINES :** 9 g

TREMPETTE ARTICHAUTS ET ÉPINARDS

PORTIONS : 8
PAR PERSONNE : 68 ML (4½ C. À S.) DE TREMPETTE ET 3 BÂTONNETS DE CÉLERI

PRÉPARATION : 5 MINUTES
TEMPS SOUS PRESSION : 12 MINUTES
TOTAL : 17 MINUTES

RÉGLAGE : PRESSURE COOK (CUISSON SOUS PRESSION)
LIBÉRATION : QUICK (RAPIDE)

Riche en épinards et artichauts santé, cette trempette gratinée cétogène facile à préparer est servie chaude. Débordante de saveurs, elle accompagne à la perfection des légumes croustillants.

- 225 g (8 oz) de fromage à la crème ferme, ramolli et en cubes
- 285 g (10 oz) d'épinards surgelés, décongelés et égouttés
- 250 ml (1 tasse) de cœur d'artichauts en conserve, égouttés et hachés
- 125 ml (½ tasse) de parmesan, râpé
- 125 ml (½ tasse) de mozzarella, râpée
- 125 ml (½ tasse) de Monterey Jack, râpé
- 80 ml (⅓ tasse) de bouillon de poulet
- 125 ml (½ tasse) de crème sure riche en matière grasse
- 60 ml (¼ tasse) de mayonnaise
- 3 gousses d'ail, émincées
- 5 ml (1 c. à t.) de poudre d'oignon
- 1 ml (¼ c. à t.) de sel de mer, moulu finement
- 1 ml (¼ c. à t.) de poivre noir moulu
- 8 branches de céleri, en 3 morceaux (pour servir)

1. Dans un plat à soufflé de 1 l (4 tasses) et de 15,25 x 7,5 cm (6 x 3 po), combiner tous les ingrédients, sauf le céleri. Brasser délicatement jusqu'à ce que les ingrédients soient juste combinés.
2. Couvrir hermétiquement le dessus du plat d'une feuille de papier d'aluminium.
3. Ajouter 250 ml (1 tasse) d'eau au fond du récipient intérieur de l'autocuiseur. Placer le plat couvert sur l'étuveuse et, prudemment, déposer étuveuse et plat dans le récipient.
4. Couvrir, verrouiller le couvercle, puis placer la valve de libération de la vapeur en position blocage. Sélectionner **Pressure Cook (High)/Cuisson sous pression (Élevée)**, puis régler le temps de cuisson à **12 minutes**. Une fois le temps de cuisson complété, évacuer rapidement la pression.
5. Ouvrir le couvercle, saisir les poignées de l'étuveuse, puis retirer prudemment plat et étuveuse du récipient. Enlever le papier d'aluminium et, avec une grande fourchette, brasser vigoureusement la trempette jusqu'à ce que le mélange soit homogène.
6. Transférer le plat dans une assiette de service. Servir immédiatement avec le céleri en accompagnement.

Conseil *Cette trempette à faible teneur en glucides peut aussi servir de sauce fantastique pour napper le poulet.*

Valeur nutritive par portion
CALORIES : 362 **LIPIDES :** 25 g **GLUCIDES NETS :** 7 g **PROTÉINES :** 17 g

TREMPETTES À LA MEXICAINE *avec crudités*

Cette riche trempette onctueuse contient du fromage mexicain, des épices mexicaines piquantes et une touche de piments verts pour une saveur authentique. Accompagnez de légumes croustillants cette entrée à faible teneur en glucides et sans gluten.

PORTIONS : 4
PAR PERSONNE : 60 ML (¼ TASSE) DE TREMPETTE ET 3 BÂTONNETS DE CÉLERI

PRÉPARATION : 3 MINUTES
TEMPS SOUS PRESSION : 19 MINUTES
TOTAL : 22 MINUTES

RÉGLAGE : PRESSURE COOK (CUISSON SOUS PRESSION)
LIBÉRATION : NATURAL/QUICK (NATURELLE/RAPIDE)

- 15 ml (1 c. à s.) de beurre non salé
- 1 gousse d'ail, émincée
- 40 ml (2½ c. à s.) de piments verts en conserve, en dés
- 0,5 ml (⅛ c. à t.) de sel de mer, moulu finement et divisé
- 1 ml (¼ c. à t.) de poudre de chili
- 375 ml (1½ tasse) de fromages mexicains en mélange, râpés
- 90 ml (6 c. à s.) de crème sure
- 30 ml (2 c. à s.) de crème 35 % de matières grasses
- 3 mini-poivrons, en moitiés et épépinés (pour servir)
- 4 branches de céleri, en 3 morceaux (pour servir)

1. Dans un plat à soufflé rond de 15,25 x 7,5 cm (6 x 3 po), combiner le beurre, l'ail, les piments, le sel de mer, la poudre de chili, les fromages, la crème sure et la crème. Bien mêler. Couvrir hermétiquement d'une feuille de papier d'aluminium.
2. Ajouter 250 ml (1 tasse) d'eau au fond du récipient intérieur. Placer le plat couvert sur l'étuveuse, puis saisir les poignées de l'étuveuse pour déposer prudemment étuveuse et plat dans le récipient.
3. Couvrir, verrouiller le couvercle, puis placer la valve de libération de la vapeur en position blocage. Sélectionner **Pressure Cook (High)/Cuisson sous pression (Élevée)**, puis régler le temps de cuisson à **19 minutes**. Une fois le temps de cuisson complété, évacuer rapidement la pression.
4. Ouvrir le couvercle, enlever et jeter le papier d'aluminium. Fouetter immédiatement et vigoureusement la trempette jusqu'à l'obtention d'une consistance lisse et crémeuse.
5. Transférer prudemment le plat sur un plateau de service. Déposer les légumes sur le plateau. Servir immédiatement.

Conseil *Vous pouvez, au goût, utilisez des piments doux ou forts dans cette recette.*

Cette trempette est aussi délicieuse comme sauce épicée sur des légumes vapeur.

Valeur nutritive par portion
CALORIES : 190 **LIPIDES :** 13 g **GLUCIDES NETS :** 5 g **PROTÉINES :** 5 g

PORTIONS : 4
PAR PERSONNE : 4 ASPERGES ET 15 ML (1 C. À S.) DE SAUCE

PRÉPARATION : 5 MINUTES
TEMPS SOUS PRESSION : 2 MINUTES
TOTAL : 15 MINUTES

RÉGLAGE : STEAM/SAUTÉ (VAPEUR/SAUTÉ)
LIBÉRATION : QUICK/RAPIDE

ASPERGES ENROBÉES DE PROSCIUTTO *avec dijonnaise crémeuse*

Cuites à la perfection, ces asperges vapeur sont enveloppées de prosciutto fumé et salé, puis grillées pour préserver la saveur. Cette entrée géniale à faible teneur en glucides est un délice pour les papilles accompagnée d'une dijonnaise crémeuse.

16 asperges, extrémités ligneuses enlevées et en moitiés
8 tranches de prosciutto, en moitiés
15 ml (1 c. à s.) d'huile d'olive

SAUCE

45 ml (3 c. à s.) de mayonnaise
10 ml (2 c. à t.) de moutarde de Dijon
5 ml (1 c. à t.) de jus de citron
1 ml (¼ c. à t.) de poivre noir moulu

1. Préparer la sauce dijonnaise crémeuse en combinant dans un petit bol tous les ingrédients. Bien mêler. Couvrir le bol d'une pellicule de plastique et réfrigérer.
2. Placer l'étuveuse dans le récipient intérieur, puis ajouter 250 ml (1 tasse) d'eau dans le fond du récipient. Déposer les asperges sur l'étuveuse.
3. Couvrir, verrouiller le couvercle, puis placer la valve de libération de la vapeur en position blocage. Sélectionner **Steam (High)/Vapeur (Élevée)**, puis régler le temps de cuisson à **2 minutes**. Une fois le temps de cuisson complété, évacuer rapidement la pression.
4. Ouvrir le couvercle, saisir prudemment les poignées de l'étuveuse pour sortir étuveuse et asperges du récipient. Mettre en attente.
5. Enlever prudemment le récipient intérieur de la base, égoutter et assécher avec de l'essuie-tout. Remettre sur la base.
6. Envelopper chaque asperge de ½ tranche de prosciutto.
7. Sélectionner **Sauté (Normal)**. Une fois le récipient chaud, ajouter l'huile d'olive et chauffer 1 minute. En travaillant en lots et avec une pince pour tourner les asperges enveloppées, transférer les asperges dans le récipient et sauter de tous les côtés 2 minutes, ou jusqu'à ce qu'elles soient dorées. Mettre dans une assiette, puis répéter avec le reste d'asperges.
8. Servir chaud avec la dijonnaise crémeuse en accompagnement. Vous pourriez aussi arroser chaque portion de 15 ml (1 c. à s.) de dijonnaise et servir les asperges en accompagnement.

Conseil *On peut remplacer le prosciutto par du jambon blanc ou du Speck.*

Valeur nutritive par portion
CALORIES : 250 **LIPIDES :** 21 g **GLUCIDES NETS :** 2 g **PROTÉINES :** 16 g

MINI-PILONS DE POULET BBQ

PORTIONS : 5
PAR PERSONNE : 3 PILONS

PRÉPARATION : 10 MINUTES
TEMPS SOUS PRESSION : 5 MINUTES
TOTAL : 35 MINUTES

RÉGLAGE : PRESSURE COOK (CUISSON SOUS PRESSION)
LIBÉRATION : NATURAL/QUICK (NATURELLE/RAPIDE)

Vous pouvez préparer du délicieux poulet BBQ bon à s'en lécher les doigts en n'utilisant que l'autocuiseur ! Cet amuse-gueule alléchant trempe dans une sauce barbecue fumée et acidulée inoubliable.

5 ml (1 c. à t.) de paprika fumé

5 ml (1 c. à t.) de poudre d'ail

5 ml (1 c. à t.) de sel de mer, moulu finement

1 ml (¼ c. à t.) de poivre noir moulu

1 kg (2 lb) de mini-pilons de poulet avec la peau

SAUCE

150 ml (⅔ tasse) de sauce tomate, sans sucre ajouté

15 ml (1 c. à s.) de concentré de tomate

23 ml (1½ c. à s.) d'édulcorant érythritol en granules

8 ml (1½ c. à t.) de fumée liquide

15 ml (1 c. à s.) de vinaigre de cidre

8 ml (½ c. à s.) de sauce Worcestershire

15 ml (1 c. à s.) de beurre, fondu

3 ml (½ c. à t.) de mélasse

3 ml (½ c. à t.) de poudre d'ail

3 ml (½ c. à t.) de sel de mer, moulu finement

3 ml (½ c. à t.) de poudre d'oignon

1 Combiner tous les ingrédients de la sauce dans une petite casserole à feu moyen. Cuire, en brassant sans arrêt, jusqu'à ce que le beurre soit fondu. Couvrir la casserole, réduire à feu doux et laisser mijoter 4 minutes. Retirer du feu et mettre en attente.

2 Dans un petit bol, combiner paprika fumé, poudre d'ail, sel de mer et poivre noir. Bien mêler.

3 Transférer les mini-pilons dans un grand bol, puis ajouter le mélange d'épices. Avec une grande cuillère, brasser le poulet pour bien enrober d'épices.

4 Placer l'étuveuse dans le récipient intérieur de l'autocuiseur, puis ajouter 125 ml (½ tasse) d'eau au fond du récipient. Mettre les mini-pilons sur l'étuveuse.

5 Couvrir, verrouiller le couvercle, puis placer la valve de libération de la vapeur en position blocage. Sélectionner **Pressure Cook (High)/Cuisson sous pression (Élevée)**, puis régler le temps de cuisson à **5 minutes**.

6 Pendant ce temps, tapisser une grande plaque à pâtisserie de papier d'aluminium, puis vaporiser d'enduit antiadhésif à la noix de coco. Préchauffer le gril du four.

7 Une fois le temps de cuisson du poulet complété, laisser la pression se libérer naturellement 10 minutes, puis évacuer rapidement la pression résiduelle.

8 Ouvrir le couvercle, puis transférer les mini-pilons dans un grand bol. Verser la moitié de la sauce barbecue sur le poulet. Avec une grande cuillère, brasser les pilons pour enrober de sauce.

9 Transférer les mini-pilons sur la plaque préparée, puis placer la plaque sur une grille juste au-dessus du centre du four. En laissant la porte du four légèrement ouverte pour ventiler, griller les mini-pilons 10 minutes, en les tournant à mi-cuisson.

10 Retirer du four et remettre pilons et sauce dans le bol. Arroser du reste de sauce barbecue et brasser de nouveau pour enrober. Transférer dans une assiette de service. Servir chaud.

Conseil *Pour une recette sans lait, remplacez le beurre par 15 ml (1 c. à s.) d'huile d'avocat.*

Valeur nutritive par portion
CALORIES : 391 **LIPIDES :** 27 g **GLUCIDES NETS :** 3 g **PROTÉINES :** 30 g

ŒUFS MIMOSA
avec bacon et ciboulette

Ces œufs riches et crémeux sont farcis d'épices parfumées et garnies de bacon fumé émietté. Délice pour les papilles à faible teneur en glucides et sans gluten, ils peuvent autant servir de collation nourrissante que d'amuse-gueule.

PORTIONS : 6
PAR PERSONNE : 2 ŒUFS

PRÉPARATION : 8 MINUTES
TEMPS SOUS PRESSION : 5 MINUTES
TOTAL : 1 HEURE

RÉGLAGE : PRESSURE COOK (CUISSON SOUS PRESSION)
LIBÉRATION : NATURAL/QUICK (NATURELLE/RAPIDE)

6 gros œufs
80 ml (⅓ tasse) de mayonnaise
5 ml (1 c. à t.) de moutarde de Dijon
3 ml (½ c. à t.) de vinaigre blanc
3 ml (½ c. à t.) de sauce au piment fort
0,5 ml (⅛ c. à t.) de poivre noir moulu
0,5 ml (⅛ c. à t.) de sel de mer, moulu finement
2 tranches de bacon, cuit et émietté
1 ml (¼ c. à t.) de paprika
5 ml (1 c. à t.) de ciboulette, hachée

1. Préparer un bain d'eau glacée en remplissant un bol à la moitié d'eau et de glaçons. Mettre en attente.
2. Placer l'étuveuse dans le récipient intérieur de l'autocuiseur, puis ajouter 250 ml (1 tasse) d'eau au fond du récipient. Déposer les œufs sur l'étuveuse.
3. Couvrir, verrouiller le couvercle, puis placer la valve de libération de la vapeur en position blocage. Sélectionner **Pressure Cook (High)/Cuisson sous pression (Élevée)**, puis régler le temps de cuisson à **5 minutes**.
4. Une fois le temps de cuisson complété, laisser la pression se libérer naturellement 5 minutes, puis évacuer rapidement la pression résiduelle.
5. Ouvrir le couvercle puis, avec une cuillère à égoutter, transférer les œufs dans le bain d'eau glacée. Laisser refroidir 5 minutes.
6. Une fois les œufs assez refroidis pour être manipulés, écaler et couper les œufs dans le sens de la longueur.
7. Avec une petite cuillère, retirer délicatement les jaunes. Mettre les jaunes dans un petit bol. Déposer les demi-blancs d'œufs dans une assiette et mettre en attente.
8. Avec une fourchette, écraser les jaunes. Ajouter mayonnaise, moutarde de Dijon, vinaigre, sauce au piment fort, poivre noir et sel de mer. Mêler jusqu'à ce que le mélange soit homogène, crémeux et sans grumeaux.
9. Avec une cuillère, mettre le mélange dans une poche à douille munie d'une large douille. Farcir chaque blanc d'œuf de 15 ml (1 c. à s.) du mélange crémeux.
10. Parsemer de miettes de bacon, saupoudrer de paprika, puis garnir de ciboulette. Transférer dans un contenant refermable et réfrigérer au moins 30 minutes. Servir froid.

Conseil *Si vous n'avez pas de poche à douille, vous pouvez en fabriquer une en remplissant un grand sac en plastique à glissière comme vous rempliriez la poche à douille. Coupez ensuite un coin du sac à la largeur voulue.*

Valeur nutritive par portion
CALORIES : 163 **LIPIDES :** 14 g **GLUCIDES NETS :** 1 g **PROTÉINES :** 7 g

DESSERTS

TARTE À LA LIME DES KEYS SANS CROÛTE

Cette tarte à la lime des Keys, riche et gourmande, est rehaussée d'une garniture fouettée légère. Elle offre toutes les saveurs sucrées et acidulées de la tarte à la lime des Keys, mais sans l'abondance de glucides d'une croûte !

PORTIONS : 8
PAR PERSONNE : 1 POINTE

PRÉPARATION : 8 MINUTES
TEMPS SOUS PRESSION : 44 MINUTES
TOTAL : 8 HEURES 55 MINUTES

RÉGLAGE : PRESSURE COOK (CUISSON SOUS PRESSION)
LIBÉRATION : NATURAL (NATURELLE)

- 450 g (16 oz) de fromage à la crème ferme, ramolli
- 150 ml (⅔ tasse) de mélange édulcorant érythritol-oligosaccharides en granules
- 8 ml (1½ c. à t.) d'extrait de vanille
- 8 ml (1½ c. à t.) de farine de noix de coco
- 2 gros œufs
- 1 jaune d'œuf
- 60 ml (¼ tasse) de jus de lime des Keys

GARNITURE FOUETTÉE

- 125 ml (½ tasse) de crème à fouetter
- 23 ml (1½ c. à s.) de mélange édulcorant érythritol-oligosaccharides en granules

1. Doubler un moule à charnière de 15,25 x 7,5 cm (6 x 3 po) de papier parchemin ajusté au moule (fond et parois). Vaporiser l'intérieur du moule et le papier parchemin d'enduit antiadhésif à l'huile de noix de coco. Mettre en attente.
2. Dans un grand bol, combiner fromage à la crème, édulcorant, extrait de vanille et farine de noix de coco. Avec un batteur à main ou un batteur sur socle, mixer les ingrédients à vitesse moyenne jusqu'à ce qu'ils soient mêlés. Puis, en nettoyant les parois du bol, continuer de mêler jusqu'à l'obtention d'un mélange bien homogène.
3. Ajouter les œufs, 1 à la fois en battant jusqu'à ce qu'il soit bien combiné. Ajouter le jaune d'œuf, en ne battant que jusqu'à ce qu'il soit juste combiné. Ajouter le jus de lime des Keys et battre jusqu'à ce que le mélange soit homogène.
4. Verser le mélange dans le moule préparé. Couvrir le dessus d'essuie-tout, puis couvrir hermétiquement de papier d'aluminium.
5. Placer l'étuveuse dans le récipient, puis ajouter 375 ml (1½ tasse) d'eau au fond du récipient. Déposer le moule sur l'étuveuse.
6. Couvrir, verrouiller le couvercle et placer la valve de libération de la vapeur en position blocage. Sélectionner **Pressure Cook (High)/Cuisson sous pression (Élevée)**, puis régler le temps de cuisson à **44 minutes**. Une fois le temps de cuisson complété, laisser la pression se libérer naturellement (20 minutes environ).
7. Ouvrir le couvercle, saisir prudemment les poignées de l'étuveuse et sortir étuveuse et moule du récipient. Retirer le papier d'aluminium et jeter l'essuie-tout. Avec un autre morceau d'essuie-tout, éponger toute humidité accumulée à la surface de la tarte. Laisser refroidir à la température de la pièce (30 minutes environ), puis couvrir du papier d'aluminium et réfrigérer au moins 8 heures.
8. Pour la garniture, combiner crème et édulcorant dans un grand bol. Avec un batteur à main ou un batteur sur socle, mixer jusqu'à ce que le mélange forme des pics fermes. Couvrir et réfrigérer.
9. Une fois la tarte refroidie, dégager les parois du moule. Tirer délicatement sur le papier pour le dégager de la base du moule. Avec une spatule, décoller la tarte du papier parchemin.
10. Transférer la tarte dans une assiette de service et couper en 8 pointes égales. Garnir chaque pointe de 30 ml (2 c. à s.) de garniture fouettée. Servir froid.

Conseil *Si vous n'avez pas de jus de lime des Keys, remplacez-le par une égale quantité de jus de lime régulière.*

Valeur nutritive par portion
CALORIES : 289 **LIPIDES :** 27 g **GLUCIDES NETS :** 4 g **PROTÉINES :** 6 g

PORTIONS : 4
PAR PERSONNE : 140 G (5 OZ)

PRÉPARATION : 5 MINUTES
CUISSON : 10 HEURES 25 MINUTES
TOTAL : 17 HEURES

RÉGLAGE : YOGURT/YOGURT (YOGOURT/YOGOURT)
LIBÉRATION : AUCUNE

YOGOURT À LA VANILLE *avec bleuets frais*

Ce yogourt maison crémeux, acidulé et cétogène contient des bleuets frais et des notes de vanille. Préparer du yogourt dans l'autocuiseur assure qu'il ne contient aucun additif malsain et qu'il est riche en probiotiques bons pour l'intestin.

- 500 ml (2 tasses) de crème de noix de coco riche en matière grasse, non sucrée
- 125 ml (½ tasse) de crème 35 % de matières grasses
- 4 capsules de probiotiques
- 8 ml (½ c. à s.) de gélatine en poudre, non aromatisée
- 3 ml (½ c. à t.) d'extrait de vanille
- 0,5 ml (⅛ c. à t.) de gousse de vanille, moulue
- 1 ml (¼ c. à t.) d'extrait de stévia
- 125 ml (½ tasse) de bleuets frais

1. Préparer un bain d'eau glacée en remplissant un bol à la moitié de glaçons et d'eau froide. Mettre en attente.
2. Dans le récipient intérieur de l'autocuiseur, combiner la crème de noix de coco et la crème.
3. Couvrir, verrouiller le couvercle, mais laisser la valve de libération de la vapeur en position aération. Sélectionner **Yogurt (Plus)/Yogourt (Plus)** jusqu'à ce que le réglage **Boil (Bouillir)** apparaisse à l'écran.
4. Une fois le cycle Boil (Bouillir) complété (environ 25 minutes), ouvrir le couvercle et transférer prudemment le récipient intérieur dans le bain d'eau. Laisser le mélange refroidir jusqu'à ce qu'il atteigne 43 °C (110 °F). Utiliser un thermomètre à bonbons pour vérifier la température.
5. Une fois le mélange à la température désirée, briser les capsules de probiotiques et ajouter le contenu au mélange. Fouetter le mélange jusqu'à ce que tout soit bien combiné.
6. Retirer le récipient du bain d'eau glacée, essuyer l'extérieur avec de l'essuie-tout, puis remettre sur la base. Remettre le couvercle, sélectionner **Yogurt (Yogourt)** et régler le temps de cuisson sur **10 heures**.
7. Une fois le temps complété, ouvrir le couvercle et ajouter la gélatine, une petite quantité à la fois, en fouettant le mélange sans arrêt jusqu'à l'obtention d'un mélange homogène.
8. Ajouter l'extrait de vanille, la gousse de vanille moulue et l'extrait de stévia. Brasser.
9. Transférer le yogourt dans 4 contenants refermables de 150 ml (5 oz). Sceller et réfrigérer pour épaissir au moins 8 heures.
10. Une fois le temps de réfrigération complété, retirer du réfrigérateur, enlever les couvercles et garnir chaque yogourt d'une égale quantité de bleuets. Servir froid.

Conseil *Pour une recette sans lait, remplacez la crème par de la crème de noix de coco.*

Vous trouverez les capsules de probiotiques dans les boutiques d'aliments naturels ou dans les pharmacies dans la section vitamines et suppléments.

Valeur nutritive par portion
CALORIES : 313 **LIPIDES :** 30 g **GLUCIDES NETS :** 5 g **PROTÉINES :** 2 g

MOUSSE CHOCOLAT ET NOIX DE COCO

Onctueuse, riche et délicieuse, cette mousse décadente est rehaussée de notes de noix de coco et de vanille. Vous serez étonné que ce dessert tout à fait divin soit à la fois à faible teneur en glucides et sans sucre.

PORTIONS : 5
PAR PERSONNE : 1 RAMEQUIN

PRÉPARATION : 10 MINUTES
TEMPS SOUS PRESSION : 6 MINUTES
TOTAL : 5 HEURES 20 MINUTES

RÉGLAGE : PRESSURE COOK (CUISSON SOUS PRESSION)
LIBÉRATION : QUICK (RAPIDE)

- 4 jaunes d'œufs
- 60 ml (¼ tasse) d'eau
- 125 ml (½ tasse) d'édulcorant érythritol en granules
- 60 ml (¼ tasse) de cacao en poudre
- 125 ml (½ tasse) de lait de coco, non sucré
- 175 ml (¾ tasse) de crème 35 % de matières grasses
- 3 ml (½ c. à t.) d'extrait de vanille
- 0,5 ml (⅛ c. à t.) de sel de mer, moulu finement
- 15 ml (1 c. à s.) de noix de coco non sucrée, hachée finement

1. Mettre l'étuveuse dans le récipient intérieur de l'autocuiseur, puis ajouter 375 ml (1½ tasse) d'eau au fond du récipient.
2. Dans un bol moyen, fouetter les jaunes d'œufs. Mettre en attente.
3. Dans une petite casserole à feu moyen, combiner eau, édulcorant et cacao en poudre. Fouetter jusqu'à ce que les ingrédients soient mêlés et l'édulcorant dissous.
4. Ajouter le lait de coco et la crème dans la casserole. Fouetter jusqu'à ce que le tout soit bien combiné, puis retirer du feu. Ajouter l'extrait de vanille et le sel de mer, brasser et laisser refroidir 3 minutes.
5. Fouetter 30 ml (2 c. à s.) du mélange au chocolat chaud dans les jaunes d'œufs. Ajouter lentement, et en fouettant sans arrêt, le reste du mélange jusqu'à ce que le tout soit homogène.
6. Répartir également le mélange entre 5 ramequins de 7,5 x 5 cm (3 x 2 po). Déposer les ramequins sur l'étuveuse.
7. Couvrir, verrouiller le couvercle et placer la valve de libération de la vapeur en position blocage. Sélectionner **Pressure Cook (High)/Cuisson sous pression (Élevée)**, puis régler le temps de cuisson à **6 minutes.** Une fois le temps de cuisson complété, évacuer rapidement la pression.
8. Ouvrir le couvercle, puis transférer prudemment les ramequins sur une surface à l'épreuve de la chaleur. Laisser refroidir à la température de la pièce.
9. Couvrir hermétiquement les ramequins d'une pellicule plastique et réfrigérer au moins 5 heures.
10. Au moment de servir, enlever et jeter la pellicule plastique. Parsemer chaque portion de 3 ml (½ c. à t.) de noix de coco râpée. Servir froid.

Conseil *Pour une recette sans lait, remplacez la crème par du lait de noix de coco.*

Valeur nutritive par portion
CALORIES : 244 **LIPIDES :** 25 g **GLUCIDES NETS :** 3 g **PROTÉINES :** 4 g

MINI-GÂTEAUX CARAMEL ET JICAMA

PORTIONS : 2
PAR PERSONNE : 1 GÂTEAU

PRÉPARATION : 8 MINUTES
TEMPS SOUS PRESSION : 25 MINUTES
TOTAL : 35 MINUTES

RÉGLAGE : PRESSURE COOK (CUISSON SOUS PRESSION)
LIBÉRATION : QUICK (RAPIDE)

Des épices chaudes pour tarte aux pommes et du caramel au beurre collant ajoutent une touche décadente à cette gâterie sucrée dans laquelle le jicama rappelle le goût et la texture d'un gâteau aux pommes.

125 ml (½ tasse) de jicama, pelé et en dés

60 ml (¼ tasse) de mélange édulcorant érythritol-oligosaccharides en granules, divisé

8 ml (½ c. à s.) de noix de Grenoble, hachées (facultatif)

4 ml (¾ c. à t.) de cannelle moulue, divisée

150 ml (⅔ tasse) de farine d'amandes

5 ml (1 c. à t.) de levure chimique

1 ml (¼ c. à t.) de muscade moulue

1 ml (¼ c. à t.) de piment de la Jamaïque

0,5 ml (⅛ c. à t.) de sel de mer, moulu finement

2 gros œufs

23 ml (1½ c. à s.) de crème 35 % de matières grasses

5 ml (1 c. à t.) d'extrait de vanille

SAUCE

30 ml (2 c. à s.) de beurre

30 ml (2 c. à s.) de crème 35 % de matières grasses

15 ml (1 c. à s.) de mélange édulcorant érythritol-oligosaccharides en granules

0,5 ml (⅛ c. à t.) d'extrait de vanille

1. Vaporiser légèrement d'enduit antiadhésif à la noix de coco 2 ramequins de 9 x 5 cm (3,5 x 2,5 po).
2. Dans un bol moyen, combiner jicama, 15 ml (1 c. à s.) d'édulcorant, noix de Grenoble (si désiré) et 1 ml (¼ c. à t.) de cannelle. Bien enrober. Mettre en attente.
3. Dans un grand bol, combiner farine d'amandes, reste d'édulcorant, levure chimique, reste de cannelle, muscade, piment de la Jamaïque et sel de mer. Bien mêler.
4. Ajouter œufs, crème et extrait de vanille. Fouetter jusqu'à ce qu'il ne reste plus de grumeaux. Ajouter en pliant le mélange de jicama.
5. Avec une cuillère, répartir également la pâte dans les ramequins, puis égaliser la surface. Couvrir hermétiquement chaque ramequin de papier d'aluminium.
6. Ajouter 500 ml (2 tasses) d'eau au fond du récipient intérieur. Placer l'étuveuse dans le récipient et déposer les ramequins sur l'étuveuse.
7. Couvrir, verrouiller le couvercle et placer la valve de libération de la vapeur en position blocage. Sélectionner **Pressure Cook (High)/Cuisson sous pression (Élevée)**, puis régler le temps de cuisson à **25 minutes**.
8. Une fois le temps de cuisson complété, évacuer rapidement la pression. Ouvrir le couvercle et transférer prudemment les ramequins sur une grille métallique pour refroidir.
9. Préparer la sauce au caramel en fondant le beurre dans une petite casserole à feu moyen. Ajouter la crème et l'édulcorant. Brasser jusqu'à ce que la sauce bouillonne et commence à épaissir.
10. Retirer du feu, puis ajouter en brassant l'extrait de vanille. Laisser refroidir et épaissir la sauce dans la casserole 2 minutes.
11. Arroser le dessus de chaque gâteau de 30 ml (2 c. à s.) de sauce au caramel. Servir chaud.

Conseil *On peut trouver le jicama dans la section des légumes dans la plupart des épiceries, ou les magasins de produit naturel.*

Valeur nutritive par portion
CALORIES : 435 **LIPIDES :** 40 g **GLUCIDES NETS :** 6 g **PROTÉINES :** 15 g

POUDING À LA VANILLE *avec framboises fraîches*

PORTIONS : 4
PAR PERSONNE : 80 ML (⅓ TASSE) ET 4 FRAMBOISES

PRÉPARATION : 5 MINUTES
TEMPS SOUS PRESSION : 12 MINUTES
TOTAL : 5 HEURES

RÉGLAGE : PRESSURE PRESSURE COOK (CUISSON SOUS PRESSION)
LIBÉRATION : NATURAL (NATURELLE)

Ce pouding épais et crémeux possède un goût distinctif de vanille. Garni de framboises fraîches, cette douceur contient peu de glucides et est délicieusement sucrée.

80 ml (⅓ tasse) de boisson d'amandes à la vanille, sans sucre ajouté

53 ml (3½ c. à s.) d'édulcorant érythritol en granules

150 ml (⅔ tasse) de crème 35 % de matières grasses

5 ml (1 c. à t.) d'extrait de vanille

2 gros jaunes d'œufs

16 framboises fraîches

1 Combiner la boisson d'amandes et l'édulcorant dans une petite casserole à feu moyen. Fouetter jusqu'à ce que l'édulcorant soit dissous. Retirer du feu et laisser refroidir 5 minutes.

2 Ajouter la crème et l'extrait de vanille dans la casserole. Fouetter pour bien combiner. Mettre en attente.

3 Dans un bol moyen, fouetter les jaunes d'œufs jusqu'à ce qu'ils soient onctueux. Mettre en attente.

4 Placer l'étuveuse dans le récipient intérieur de l'autocuiseur et ajouter 500 ml (2 tasses) d'eau dans le fond du récipient.

5 Ajouter lentement le mélange de crème aux jaunes d'œufs. Fouetter sans arrêt jusqu'à ce que le mélange soit homogène.

6 Répartir également le mélange entre 4 ramequins de 85 g (3 oz). Couvrir hermétiquement chacun de papier d'aluminium.

7 Déposer les ramequins couverts sur l'étuveuse. Vous pouvez les empiler si vous manquez de place.

8 Couvrir, verrouiller le couvercle, et placer la valve de libération de la vapeur en position blocage. Sélectionner **Presssure Cook (High)/Cuisson sous pression (Élevée)**, puis régler le temps de cuisson à **12 minutes**. Une fois le temps de cuisson complété, laisser la pression s'évacuer naturellement (20 minutes environ).

9 Ouvrir le couvercle et, avec une pince, transférer prudemment les ramequins sur une grille métallique. Retirer le papier d'aluminium et laisser refroidir à la température de la pièce (20 minutes environ).

10 Couvrir hermétiquement les ramequins de pellicule plastique et réfrigérer 4 heures pour que le pouding prenne. Une fois prêt, retirer du réfrigérateur, et garnir chaque portion de 4 framboises. Servir froid.

Conseil *Pour une recette sans lait, remplacez la crème par 150 ml (⅔ tasse) de lait de coco entier.*

Valeur nutritive par portion
CALORIES : 175 **LIPIDES :** 17 g **GLUCIDES NETS :** 2 g **PROTÉINES :** 2 g

GÂTEAU AUX BLEUETS GLACÉ AU CITRON

Ce gâteau au citron doux-amer regorge de bleuets frais. Il est arrosé d'une glace rafraîchissante qui imbibe le gâteau en s'écoulant par les trous percés dans la pâte. Il est à faible teneur en gucides et sans gluten!

PORTIONS : 8
PAR PERSONNE : 1 POINTE

PRÉPARATION : 8 MINUTES
TEMPS SOUS PRESSION : 39 MINUTES
TOTAL : 1 HEURE 15 MINUTES

RÉGLAGE : PRESSURE COOK (CUISSON SOUS PRESSION)
LIBÉRATION : NATURAL/QUICK (NATURELLE/RAPIDE)

- 125 ml (½ tasse) de farine de noix de coco, tamisée
- 125 ml (½ tasse) de mélange édulcorant érythritol-oligosaccharides en granules
- 5 ml (1 c. à t.) de levure chimique
- 1 ml (¼ c. à t.) de bicarbonate de sodium
- 0,5 ml (⅛ c. à t.) de sel de mer, moulu finement
- 3 gros œufs
- 125 ml (½ tasse) de boisson d'amandes non sucrée
- 30 ml (2 c. à s.) d'huile de noix de coco, fondue
- 23 ml (1½ c. à s.) de jus de citron
- 5 ml (1 c. à t.) d'extrait de citron
- 10 ml (2 c. à t.) de zeste de citron
- 80 ml (⅓ tasse) de bleuets frais

GLACE

- 30 ml (2 c. à s.) de beurre
- 30 ml (2 c. à s.) de crème 35 % de matières grasses
- 40 ml (2½ c. à s.) de mélange édulcorant érythritol-oligosaccharides pour confiseur
- 10 ml (2 c. à t.) de jus de citron
- 3 ml (½ c. à t.) d'extrait de citron
- 3 ml (½ c. à t.) de zeste de citron

1. Verser 375 ml (1½ tasse) d'eau dans le récipient intérieur de l'autocuiseur. Vaporiser généreusement un moule à gâteau en d'aluminium de 15,25 x 7,5 cm (6 x 3 po) d'enduit à l'huile de noix de coco. Mettre en attente.
2. Dans un grand bol, combiner farine de noix de coco, édulcorant, levure chimique, bicarbonate de sodium et sel de mer. Bien mêler et mettre en attente.
3. Dans un autre grand bol, combiner œufs, boisson d'amandes, huile de noix de coco fondue, jus, extrait et zeste de citron. Bien mêler.
4. Ajouter les ingrédients humides aux ingrédients secs, puis brasser jusqu'à ce que le mélange soit homogène et sans grumeaux. Ajouter les bleuets et plier délicatement dans la pâte.
5. Verser la pâte dans le moule préparé. Étendre la pâte uniformément. Couvrir hermétiquement le moule de papier d'aluminium. Déposer l'étuveuse dans le récipient et déposer ensuite le moule dans l'étuveuse.
6. Couvrir, verrouiller le couvercle, puis placer la valve de libération de la vapeur en position blocage. Sélectionner **Pressure Cook (High)/Cuisson sous pression (Élevée)**, puis régler le temps de cuisson à **39 minutes**. Une fois le temps de cuisson complété, laisser la pression se libérer naturellement 10 minutes, puis évacuer rapidement la pression résiduelle.
7. Ouvrir le couvercle, puis saisir prudemment les poignées de l'étuveuse pour sortir étuveuse et moule du récipient. Enlever le papier d'aluminium et, avec de l'essuie-tout, éponger toute humidité à la surface du gâteau. Laisser refroidir dans le moule 6 minutes.
8. Pendant ce temps, préparer la glace en fondant le beurre dans une petite casserole à feu moyen. Ajouter crème, édulcorant et jus de citron. En brassant sans arrêt, cuire jusqu'à ce que l'édulcorant soit dissous et que la glace commence à épaissir. Retirer du feu. Ajouter extrait et zeste de citron. Brasser.
9. Percer plusieurs trous espacés également sur tout le dessus du gâteau. Verser la glace sur le gâteau. Couvrir hermétiquement d'une pellicule plastique et réfrigérer au moins 15 minutes pour permettre à la glace de se solidifier.
10. Couper en 8 morceaux égaux. Servir frais.

Conseil *N'utilisez pas un moule à charnière dans cette recette : les ingrédients s'écouleront du moule.*

Valeur nutritive par portion
CALORIES : 155 **LIPIDES :** 11 g **GLUCIDES NETS :** 4 g **PROTÉINES :** 4 g

CROUSTADE AUX PETITS FRUITS ET À LA CANNELLE *garnie de crème fouettée*

Ce ravissant dessert présente des petits fruits chauds et sucrés dans une croustade au beurre parfumée à la cannelle. Une cuillerée de crème fouettée sans sucre garnit chaque portion. Vous aurez envie de préparer encore et encore cette délicieuse gâterie !

PORTIONS : 6
PAR PERSONNE : 150 ML (⅔ TASSE) DE CROUSTADE AUX PETITS FRUITS ET 8 ML (½ C. À S.) DE CRÈME FOUETTÉE

PRÉPARATION : 4 MINUTES
TEMPS SOUS PRESSION : 15 MINUTES
TOTAL : 55 MINUTES

RÉGLAGE : PRESSURE COOK (CUISSON SOUS PRESSION)
LIBÉRATION : QUICK (RAPIDE)

1 l (4 tasses) de petits fruits non sucrés (bleuets, mûres ou framboises)

150 ml (⅔ tasse) de mélange édulcorant érythritol-oligosaccharides en granules

5 ml (1 c. à t.) de gomme de xanthane

150 ml (⅔ tasse) de farine d'amandes

60 ml (¼ tasse) de noix de coco non sucrée, râpée finement

3 ml (½ c. à t.) de cannelle moulue

60 ml (¼ tasse) de beurre, fondu

GARNITURE

80 ml (⅓ tasse) de crème 35 % de matières grasses

1 ml (¼ c. à t.) d'extrait de stévia

1. Vaporiser un plat en céramique rond allant au four de 17,5 x 7,5 cm (7 x 3 po) d'enduit antiadhésif à l'huile de noix de coco. Placer l'étuveuse dans le récipient, puis ajouter 250 ml (1 tasse) d'eau au fond du récipient.
2. Dans un grand bol, combiner les petits fruits, 80 ml (⅓ tasse) d'édulcorant et la gomme de xanthane. Avec une cuillère, mélanger délicatement les petits fruits pour les enrober des ingrédients, puis transférer le mélange dans le plat préparé. Mettre en attente.
3. Dans un autre grand bol, combiner farine d'amandes, noix de coco, reste d'édulcorant, cannelle et beurre fondu. Mêler jusqu'à l'obtention d'une texture semblable à de la chapelure.
4. Avec une cuillère, déposer ce mélange sur les petits fruits. Placer une feuille de papier d'aluminium sous le plat, puis plier les bords autour des côtés du plat. Couvrir le plat d'essuie-tout, puis couvrir l'essuie-tout d'un autre papier d'aluminium. Plier les bords vers le bas pour envelopper hermétiquement tout le plat d'aluminium. Déposer sur l'étuveuse.
5. Couvrir, verrouiller le couvercle, puis placer la valve de libération de la vapeur en position blocage. Sélectionner **Pressure Cook (High)/Cuisson sous pression (Élevée)**, puis régler le temps de cuisson à **15 minutes**. Une fois le temps de cuisson complété, évacuer rapidement la pression.
6. Pendant ce temps, préchauffer le gril du four.
7. Une fois le temps de cuisson de la croustade complété, ouvrir le couvercle et saisir les poignées de l'étuveuse pour sortir étuveuse et plat du récipient.
8. Enlever papier d'aluminium et essuie-tout, puis mettre le plat sous le gril 1 à 2 minutes, ou jusqu'à ce que la garniture soit dorée. Retirer du four et laisser refroidir au moins 30 minutes.
9. Pendant ce temps, préparer la garniture fouettée. Mettre dans un bol moyen la crème et l'extrait de stévia. Avec un batteur électrique, fouetter jusqu'à ce que des pics fermes se forment.
10. Transférer la croustade dans des bols. Garnir chaque portion de 8 ml (½ c. à s.) de crème fouettée. Servir tiède

Conseil *Pour une recette sans lait, remplacez le beurre par 60 ml (¼ tasse) d'huile de noix de coco et la crème par 80 ml (⅓ tasse) de crème de noix de coco.*

Valeur nutritive par portion
CALORIES : 227 **LIPIDES :** 18 g **GLUCIDES NETS :** 7 g **PROTÉINES :** 2 g

PORTIONS : 5
PAR PERSONNE : 1 GÂTEAU ET 30 ML (2 C. À S.) DE GARNITURE

PRÉPARATION : 6 MINUTES
TEMPS SOUS PRESSION : 9 MINUTES
TOTAL : 23 MINUTES

RÉGLAGE : PRESSURE COOK (CUISSON SOUS PRESSION)
LIBÉRATION : QUICK (RAPIDE)

GÂTEAUX MOELLEUX AU CHOCOLAT

L'autocuiseur réussit divinement des gâteaux denses et moelleux ! Ces gâteaux au fudge riches et décadents cachent un centre chaud et crémeux. Tout simplement exquis, ils sont à faible teneur en glucides et faciles à préparer.

150 ml (⅔ tasse) de grains de chocolat, sucrés au stévia

80 ml (⅓ tasse) de beurre

3 œufs

150 ml (⅔ tasse) de mélange édulcorant érythritol-oligosaccharides en granules

60 ml (¼ tasse) de farine d'amandes

5 ml (1 c. à t.) d'extrait de vanille

GARNITURE

80 ml (⅓ tasse) de crème 35 % de matières grasses

0,5 ml (⅛ c. à t.) d'extrait de stévia

1 Vaporiser 5 ramequins de 170 g (6 oz) d'enduit antiadhésif à l'huile de noix de coco. Mettre en attente.

2 Dans une casserole moyenne à feu moyen-doux, mettre les grains de chocolat et le beurre. En brassant sans arrêt, chauffer jusqu'à ce que les ingrédients soient fondus et combinés, puis retirer la casserole du feu. Mettre en attente.

3 Dans un grand bol, combiner œufs, édulcorant, farine d'amandes et extrait de vanille. Fouetter pour bien mêler.

4 Verser le mélange au chocolat dans le mélange œufs-farine. Bien mêler. Remplir chaque ramequin à la moitié de pâte à gâteau.

5 Placer l'étuveuse dans le récipient, puis ajouter 425 ml (1¾ tasse) d'eau au fond du récipient.

6 Placer 3 ramequins sur l'étuveuse et les 2 autres, sur le dessus des 3 premiers.

7 Couvrir, verrouiller le couvercle, puis placer la valve de libération de la vapeur en position blocage. Sélectionner **Pressure Cook (High)/Cuisson sous pression (Élevée)**, puis régler le temps de cuisson à **9 minutes**.

8 Pendant ce temps, préparer la garniture fouettée en combinant la crème et l'extrait de stévia dans un bol moyen. Avec un batteur à main, ou sur socle fouetter jusqu'à ce que des pics fermes se forment. Couvrir hermétiquement d'une pellicule plastique et réfrigérer.

9 Une fois le temps de cuisson des gâteaux complété, évacuer rapidement la pression. Ouvrir le couvercle, puis transférer prudemment les ramequins sur une grille métallique 7 minutes pour laisser refroidir et prendre.

10 Une fois refroidi, garnir chaque gâteau de 30 ml (2 c. à s.) de garniture fouettée. Servir chaud.

Conseil *Pour une recette sans lait, remplacez le beurre par 125 ml (½ tasse) d'huile de noix de coco et la crème par 80 ml (⅓ tasse) de crème de noix de coco entière.*

Valeur nutritive par portion
CALORIES : 420 **LIPIDES :** 37 g **GLUCIDES NETS :** 8 g **PROTÉINES :** 7 g

GÂTEAU AU FROMAGE À LA VANILLE *avec fraises fraîches*

Succulent, sucré et incroyablement crémeux, ce formidable gâteau au fromage sans croûte est rehaussé de touches de vanille et d'agrumes. Vous découvrirez rapidement qu'un gâteau au fromage cuit dans l'autocuiseur possède une remarquable texture onctueuse.

PORTIONS : 8
PAR PERSONNE : 1 POINTE

PRÉPARATION : 8 MINUTES
TEMPS SOUS PRESSION : 40 MINUTES
TOTAL : 10 HEURES 9 MINUTES

RÉGLAGE : PRESSURE COOK (CUISSON SOUS PRESSION)
LIBÉRATION : NATURAL/QUICK (NATURELLE/RAPIDE)

- 450 g (16 oz) de fromage à la crème riche en matières grasses, à la température de la pièce
- 30 ml (2 c. à s.) de crème 35 % de matières grasses
- 150 ml (⅔ tasse) de mélange édulcorant érythritol-oligosaccharides en granules
- 5 ml (1 c. à t.) de jus de citron frais
- 5 ml (1 c. à t.) d'extrait de vanille
- 8 ml (1½ c. à t.) de zeste de citron, fraîchement râpé
- 3 gros œufs, à la température de la pièce
- 80 ml (⅓ tasse) de fraises fraîches, tranchées

GARNITURE

- 125 ml (½ tasse) de crème sure riche en matière grasse
- 15 ml (1 c. à s.) de mélange édulcorant érythritol-oligosaccharides en granules

1. Placer l'étuveuse dans le récipient intérieur de l'autocuiseur, puis ajouter 375 ml (1½ tasse) d'eau au fond du récipient. Couper un morceau de papier parchemin rond légèrement plus grand que le fond d'un moule à charnière de 15,25 x 7,5 cm (7 x 3 po). Mettre le papier parchemin au fond du moule en repliant les bords vers le haut, sur la paroi. Couper un morceau de papier d'aluminium rond légèrement plus grand que le fond du moule à charnière, puis mettre sous le moule, en repliant les bords vers le haut, sur la paroi.
2. Dans un grand bol, combiner fromage à la crème, crème, édulcorant, jus de citron, extrait de vanille et zeste de citron. Avec un batteur à main ou un batteur sur socle, mêler les ingrédients à vitesse moyenne jusqu'à ce que le mélange soit crémeux, mais encore épais. Régler le mélangeur à basse vitesse et ajouter les œufs, 1 à la fois. Mêler jusqu'à ce que les ingrédients soient juste combinés.
3. Verser la pâte dans le moule préparé. Mettre un morceau d'essuie-tout sur le dessus du moule, puis envelopper hermétiquement le moule d'une feuille de papier d'aluminium. Plier sur la longueur un morceau de papier d'aluminium de 50 cm (20 po), puis en trois pour obtenir une lanière qui permettra de sortir facilement le moule du récipient. Placer cette bande bien au centre du récipient en remontant bien les bords. Déposer le moule sur la bande dans le récipient.
4. Couvrir, verrouiller le couvercle, puis placer la valve de libération de la vapeur en position blocage. Sélectionner **Pressure Cook (High)/Cuisson sous pression (Élevée)**, puis régler le temps de cuisson à **40 minutes**.
5. Préparer la garniture en fouettant crème sure et édulcorant dans un bol moyen. Mettre en attente.
6. Une fois le temps de cuisson du gâteau au fromage complété, laisser la pression se libérer naturellement 20 minutes, puis évacuer rapidement la pression résiduelle. Ouvrir le couvercle et sortir le gâteau au fromage du récipient en utilisant la bande d'aluminium. Étendre uniformément la garniture à la crème sure sur le dessus. Couvrir hermétiquement et réfrigérer au moins 9 heures.
7. Une fois le gâteau refroidi, ouvrir et retirer avec précaution l'anneau du moule à charnière. Couper le gâteau en 8 pointes égales. Garnir de fraises et servir froid.

Conseil *N'utilisez que du fromage à la crème ferme pour cette recette, non la variété fouettée.*

Valeur nutritive par portion
CALORIES : 275 **LIPIDES :** 26 g **GLUCIDES NETS :** 4 g **PROTÉINES :** 6 g

PORTIONS : 6
PAR PERSONNE : 1 POINTE

PRÉPARATION : 6 MINUTES
TEMPS SOUS PRESSION : 44 MINUTES
TOTAL : 1 HEURE 30 MINUTES

RÉGLAGE : PRESSURE COOK (CUISSON SOUS PRESSION)
LIBÉRATION : NATURAL/QUICK (NATURELLE/RAPIDE)

GÂTEAU AUX CAROTTES *glacé au fromage à la crème*

Riche et moelleux, ce gâteau aux carottes épicé cétogène est garni d'une glace décadente au fromage à la crème. Remplacer la moitié des carottes râpées par des courgettes râpées aide à réduire la teneur en glucides sans sacrifier le goût.

- 80 ml (⅓ tasse) de carottes, râpées
- 80 ml (⅓ tasse) de courgettes, râpées
- 250 ml (1 tasse) de farine d'amandes
- 150 ml (⅔ tasse) de mélange édulcorant érythritol-oligosaccharides en granules
- 5 ml (1 c. à t.) de levure chimique
- 0,5 ml (⅛ c. à t.) de bicarbonate de sodium
- 5 ml (1 c. à t.) de cannelle moulue
- 3 ml (½ c. à t.) de cardamome moulue
- 1 ml (¼ c. à t.) de muscade moulue
- 2 gros œufs
- 45 ml (3 c. à s.) de crème 35 % de matières grasses
- 30 ml (2 c. à s.) de beurre non salé, fondu
- 5 ml (1 c. à t.) d'extrait de vanille
- 80 ml (⅓ tasse) de noix de Grenoble, hachées

GLAÇAGE

- 110 g (4 oz) de fromage à la crème ferme, ramolli et en cubes
- 45 ml (3 c. à s.) de mélange édulcorant érythritol-oligosaccharides en granules
- 10 ml (2 c. à t.) de jus de citron
- 3 ml (½ c. à t.) d'extrait de vanille
- 15 ml (1 c. à s.) de crème 35 % de matières grasses

1. Vaporiser un moule à gâteau rond allant au four de 15,25 cm (6 po) d'enduit antiadhésif à l'huile de noix de coco. Mettre en attente.
2. Tapisser une grande passoire d'essuie-tout et mettre carottes et courgettes dans la passoire. Presser les légumes pour éliminer d'autant d'eau que possible. Mettre en attente.
3. Dans un grand bol, combiner farine d'amandes, édulcorant, levure chimique, bicarbonate de sodium, cannelle, cardamome, muscade, œufs, crème beurre et extrait de vanille. Avec un batteur sur socle ou un batteur à main, mixer les ingrédients à vitesse moyenne jusqu'à l'obtention d'un mélange homogène. Ajouter carottes et courgettes. Bien mélanger.
4. Verser la pâte dans le moule préparé. Couvrir hermétiquement le dessus d'une feuille de papier d'aluminium.
5. Placer l'étuveuse dans le récipient intérieur, puis verser 400 ml (1⅔ tasse) d'eau au fond du récipient. Déposer le moule à gâteau couvert sur l'étuveuse.
6. Couvrir, verrouiller le couvercle, puis placer la valve de libération de la vapeur en position blocage. Sélectionner **Pressure Cook (High)/Cuisson sous pression (Élevée)**, puis régler le temps de cuisson à **44 minutes**. Une fois le temps de cuisson complété, laisser la pression se libérer naturellement 10 minutes, puis évacuer rapidement la pression résiduelle.
7. Ouvrir le couvercle, puis sortir étuveuse et moule du récipient. Enlever et jeter le papier d'aluminium. Laisser refroidir le gâteau 25 à 30 minutes.
8. Pendant ce temps, préparer le glaçage en combinant tous les ingrédients dans un grand bol. Avec un batteur à main, mixer à vitesse élevée jusqu'à l'obtention d'une consistance lisse et crémeuse.
9. Une fois le gâteau refroidi, tartiner le dessus de glaçage. Parsemer de noix de Grenoble.
10. Couper en 8 pointes égales. Servir aussitôt ou transférer dans un contenant refermable et réfrigérer jusqu'à 6 jours.

Conseil *Tout reste de ce gâteau sans agent de conservation est périssable et doit donc être réfrigéré.*

Valeur nutritive par portion
CALORIES : 248 **LIPIDES :** 23 g **GLUCIDES NETS :** 4 g **PROTÉINES :** 6 g

PORTIONS : 8
PAR PERSONNE : 1 POINTE

PRÉPARATION : 10 MINUTES
TEMPS SOUS PRESSION : 55 MINUTES
TOTAL : 9 HEURES 15 MINUTES

RÉGLAGE : PRESSURE COOK (CUISSON SOUS PRESSION)
LIBÉRATION : NATURAL/QUICK (NATURELLE/RAPIDE)

GÂTEAU AU FROMAGE AU BEURRE D'ARACHIDE *avec ganache au chocolat*

Gourmandise suprême, ce gâteau au fromage sans croûte est faible en glucides et cétogène !

450 g (16 oz) de fromage à la crème ferme riche en matière grasse, à la température de la pièce

175 ml (¾ tasse) de mélange édulcorant érythritol-oligosaccharides en granules

125 ml (½ tasse) de beurre d'arachide crémeux, sans sucre ajouté

30 ml (2 c. à s.) de crème sure riche en matière grasse

5 ml (1 c. à t.) d'extrait de vanille

2 gros œufs, à la température de la pièce

1 jaune d'œuf, à la température de la pièce

GANACHE

85 g (3 oz) de chocolat de cuisson, non sucré

80 ml (⅓ tasse) de mélange édulcorant érythritol-oligosaccharides de confiseur

80 ml (⅓ tasse) de crème 35 % de matières grasses

3 ml (½ c. à t.) d'extrait de vanille

Conseil *N'utilisez que du fromage à la crème ferme pour cette recette, non la variété fouettée.*

1 Mettre une feuille de papier d'aluminium sur une surface plane. Déposer un moule à charnière de 17,5 cm (7 po) dessus, puis plier le papier vers le haut sur les parois du moule pour envelopper hermétiquement le fond. Vaporiser l'intérieur d'enduit antiadhésif à l'huile de noix de coco, puis tapisser le fond et les bords intérieurs de papier parchemin.

2 Dans un bol moyen, mettre fromage à la crème et édulcorant. Avec un batteur sur socle ou un batteur à main, mixer à basse vitesse jusqu'à l'obtention d'un mélange lisse et homogène. Ajouter le beurre d'arachide et mixer à basse vitesse jusqu'à l'obtention d'une consistance moelleuse. Ajouter crème sure et extrait de vanille et bien mixer. Ajouter œufs et jaune d'œuf. Mixer jusqu'à ce que les ingrédients soient juste mêlés.

3 Verser la pâte dans le moule préparé et couvrir hermétiquement de papier d'aluminium. Verser 375 ml (1½ tasse) d'eau au fond du récipient de l'autocuiseur. Placer l'étuveuse et déposer le moule. Couvrir, verrouiller le couvercle, puis placer la valve de libération de la vapeur en position blocage. Sélectionner **Pressure Cook (High)/Cuisson sous pression (Élevée)**, puis régler le temps de cuisson à **55 minutes**. Une fois le temps de cuisson complété, laisser la pression se libérer naturellement 18 minutes, puis évacuer rapidement la pression résiduelle.

4 Ouvrir le couvercle, puis sortir prudemment étuveuse et moule du récipient. Enlever le papier d'aluminium. Avec de l'essuie-tout, éponger délicatement l'humidité à la surface du gâteau et laisser refroidir 20 minutes. Une fois refroidi, couvrir et réfrigérer au moins 8 heures. Par la suite, sortir du réfrigérateur, détacher et retirer délicatement l'anneau à charnière et le papier parchemin, puis transférer le gâteau dans une assiette de service.

5 Dans une petite casserole, amener 2,5 cm (1 po) d'eau à ébullition. Placer un bol résistant à la chaleur sur la casserole (le fond ne touche pas l'eau). Ajouter chocolat, édulcorant et crème. Chauffer en brassant sans arrêt jusqu'à ce que le chocolat et l'édulcorant soient fondus. Retirer du feu et ajouter l'extrait de vanille. Brasser, puis retirer le bol de la casserole.

6 En commençant avec les bords, puis en vous déplaçant vers le centre, verser la sauce au chocolat sur le gâteau au fromage. Couper en 8 pointes égales. Servir aussitôt.

Valeur nutritive par portion
CALORIES : 419 **LIPIDES :** 36 g **GLUCIDES NETS :** 6 g **PROTÉINES :** 10 g

CRÈME BRÛLÉE À LA VANILLE

Cette crème brûlée cétogène voluptueuse offre des notes de vanille et une croûte caramélisée. Gourmandise à faible teneur en glucides, elle est si facile à préparer dans l'autocuiseur !

PORTIONS : 4
PAR PERSONNE : 80 ML (⅓ TASSE)

PRÉPARATION : 4 MINUTES
TEMPS SOUS PRESSION : 10 MINUTES
TOTAL : 5 HEURES

RÉGLAGE : PRESSURE COOK (CUISSON SOUS PRESSION)
LIBÉRATION : NATURAL (NATURELLE

- 3 jaunes d'œufs
- 45 ml (3 c. à s.) d'édulcorant érythritol en granules
- 250 ml (1 tasse) de crème 35 % de matières grasses
- 8 ml (½ c. à s.) d'extrait de vanille
- 0,5 ml (⅛ c. à t.) de gousse de vanille séchée, moulue
- 20 ml (4 c. à t.) d'édulcorant érythritol en granules (pour la croûte caramélisée)

1 Placer l'étuveuse dans le récipient intérieur de l'autocuiseur, puis ajouter 500 ml (2 tasses) d'eau au fond du récipient.

2 Dans un grand bol, combiner les jaunes d'œufs et l'édulcorant. Fouetter jusqu'à ce que l'édulcorant soit dissous complètement, puis ajouter la crème, l'extrait de vanille et la gousse de vanille moulue. Brasser pour obtenir un mélange homogène.

3 Répartir également le mélange entre 4 ramequins de 85 g (3 oz), puis couvrir hermétiquement chacun de papier d'aluminium.

4 Disposer les ramequins sur l'étuveuse dans le récipient. Un ramequin peut être placé sur le dessus des autres si vous manquez de place.

5 Couvrir, verrouiller le couvercle, puis placer la valve de libération de la vapeur en position blocage. Sélectionner **Pressure Cook (High)/Cuisson sous pression (Élevée)**, puis régler le temps de cuisson à **10 minutes**. Une fois le temps de cuisson complété, laisser la pression se libérer naturellement, 20 minutes environ.

6 Ouvrir le couvercle, puis transférer prudemment les ramequins sur une grille métallique. Enlever et jeter les papiers d'aluminium et laisser refroidir à la température de la pièce, 30 minutes environ.

7 Envelopper hermétiquement les ramequins d'une pellicule plastique, puis réfrigérer au moins 4 heures.

8 Une fois le temps complété, sortir les ramequins du réfrigérateur, enlever la pellicule plastique et saupoudrer chacun de 5 ml (1 c. à t.) d'édulcorant.

9 Avec un chalumeau de cuisine, fondre prudemment l'édulcorant pour obtenir une croûte caramélisée. Attention, l'édulcorant peut brûler très rapidement ! Vous pourriez aussi placer les ramequins sous le gril du four 4 minutes, ou jusqu'à ce qu'ils soient caramélisés. Servir aussitôt.

Conseil *Pour une recette sans lait, remplacez la crème par 250 ml (1 tasse) de lait de coco entier.*

Un moulin à café peut être utilisé pour moudre la gousse de vanille en poudre. Si vous n'avez pas de vanille en poudre, omettez-la simplement de la recette.

Valeur nutritive par portion
CALORIES : 252 **LIPIDES :** 25 g **GLUCIDES NETS :** 2 g **PROTÉINES :** 3 g

BISCUIT GÉANT AUX GRAINS DE CHOCOLAT

Ce biscuit géant goûte le biscuit aux grains de chocolat bien connu, mais il est sans sucre et à faible teneur en glucides ! Réconfortant, coulant et riche en noix de Grenoble croustillantes, c'est la parfaite gourmandise cétogène sucrée.

PORTIONS : 8
PAR PERSONNE : 1 POINTE

PRÉPARATION : 8 MINUTES
CUISSON : 4 HEURES
TOTAL : 4 HEURES 18 MINUTES

RÉGLAGE :
SLOW COOK (CUISSON LENTE)
LIBÉRATION : AUCUNE

150 ml (⅔ tasse) de mélange édulcorant érythritol-oligosaccharides en granules

83 ml (5½ c. à s.) de beurre

1 gros œuf

5 ml (1 c. à t.) de mélasse noire

3 ml (½ c. à t.) d'extrait de vanille

310 ml (1¼ tasse) de farine d'amandes

15 ml (1 c. à s.) de farine de noix de coco

8 ml (1½ c. à t.) de levure chimique

0,5 ml (⅛ c. à t.) de sel de mer, moulu finement

3 ml (½ c. à t.) de gomme de xanthane

125 ml (½ tasse) de grains de chocolat sans sucre ajouté, sucré au stévia

60 ml (¼ tasse) de noix de Grenoble, hachées

1. Tapisser le récipient intérieur de l'autocuiseur de papier parchemin, puis vaporiser le papier parchemin d'enduit antiadhésif à l'huile de noix de coco. Mettre en attente.
2. Dans un grand bol, mettre l'édulcorant et le beurre. Avec un batteur sur socle ou un batteur à main, mixer jusqu'à l'obtention d'un mélange homogène.
3. Ajouter œuf, mélasse et extrait de vanille. Mixer toujours jusqu'à l'obtention d'un mélange homogène. Mettre en attente.
4. Dans un autre bol, combiner farine d'amandes, farine de noix de coco, levure chimique, sel de mer et gomme de xanthane. Bien mêler.
5. Ajouter les ingrédients secs au mélange humide et mixer jusqu'à ce que le tout soit bien combiné. Ajouter en pliant les grains de chocolat et les noix de Grenoble.
6. Transférer la pâte dans le récipient préparé. Avec une spatule en caoutchouc, étendre et presser la pâte au fond du récipient en vous assurant de couvrir complètement le fond, sans laisser de vide.
7. Couvrir, verrouiller le couvercle, mais laisser la valve de libération de la vapeur en position aération. Sélectionner **Slow Cook (High)/Cuisson lente (Élevée)**, puis régler le temps de cuisson à **4 heures**. Une fois le temps de cuisson complété, appuyer sur **Cancel (Annuler)** pour éteindre l'appareil.
8. Ouvrir le couvercle, puis transférer prudemment le récipient contenant le biscuit sur une grille métallique. Laisser refroidir dans le récipient au moins 30 minutes ou jusqu'à ce qu'il soit à la température de la pièce. Le biscuit gagnera en fermeté en refroidissant.
9. Transférer le biscuit refroidi dans une assiette de service et couper en 8 pointes égales, ou transférer dans un contenant refermable et réfrigérer jusqu'à 6 jours. Servir chaud.

Conseil *Tout reste de ce biscuit sans agent de conservation est périssable et doit donc être réfrigéré.*

Valeur nutritive par portion
CALORIES : 210 **LIPIDES :** 20 g **GLUCIDES NETS :** 5 g **PROTÉINES :** 5 g

PORTIONS : 6
PAR PERSONNE : 1 PETIT GÂTEAU

PRÉPARATION : 5 MINUTES
TEMPS SOUS PRESSION : 23 MINUTES
TOTAL : 40 MINUTES

RÉGLAGE : PRESSURE COOK (CUISSON SOUS PRESSION)
LIBÉRATION : (NATURELLE/RAPIDE)

PETITS GÂTEAUX À LA CITROUILLE GLACÉS

Ces petits gâteaux épicés, crémeux et d'une texture aussi tendre qu'une tarte à la citrouille sont décorés d'un délicieux glaçage au fromage à la crème. C'est la parfaite gâterie à faible teneur en glucides que toute la famille adorera.

60 ml (¼ tasse) de farine de noix de coco

80 ml (⅓ tasse) de mélange édulcorant érythritol-oligosaccharides en granules

8 ml (1½ c. à t.) d'épices pour tarte à la citrouille

5 ml (1 c. à t.) de levure chimique

3 ml (½ c. à t.) de cannelle moulue

0,5 ml (⅛ c. à t.) de sel de mer, moulu finement

2 gros œufs

60 ml (¼ tasse) de purée de citrouille en conserve, sans sucre ajouté

40 ml (2½ c. à s.) de boisson d'amandes, non sucrée

5 ml (1 c. à t.) d'extrait de vanille

GLAÇAGE

110 g (4 oz) de fromage à la crème ferme, ramolli et en cubes

45 ml (3 c. à s.) de mélange édulcorant érythritol-oligosaccharides en granules

15 ml (1 c. à s.) de crème 35 % de matières grasses

5 ml (1 c. à t.) de jus de citron

3 ml (½ c. à t.) d'extrait de vanille

1 Dans un grand bol, combiner farine de noix de coco, édulcorant, épices pour tarte à la citrouille, levure chimique, cannelle et sel de mer. Bien mêler et mettre en attente.

2 Dans un bol moyen, combiner œufs, purée de citrouille, boisson d'amandes et extrait de vanille. Fouetter jusqu'à l'obtention d'un mélange homogène.

3 Ajouter les ingrédient humides aux ingrédients secs et mêler jusqu'à ce que le tout soit bien combiné. Mettre en attente.

4 Verser 375 ml (1½ tasse) d'eau au fond du récipient intérieur de l'autocuiseur. Déposer l'étuveuse dans le récipient. Placer une feuille de papier d'aluminium de 25 x 25 cm (10 x 10 po) sur l'étuveuse.

5 Avec une cuillère, mettre une égale quantité de pâte dans 6 moules à muffins en silicone. Déposer sur l'étuveuse, puis plier le surplus de papier autour de l'extérieur des moules à muffins.

6 Placer lâchement un autre papier d'aluminium de 25 x 25 cm (10 x 10 po) sur le dessus des petits gâteaux.

7 Couvrir, verrouiller le couvercle, puis placer la valve de libération de la vapeur en position blocage. Sélectionner **Pressure Cook (High)/Cuisson sous pression (Élevée)**, puis régler le temps de cuisson à **23 minutes**. Une fois le temps de cuisson complété, laisser la pression se libérer naturellement 10 minutes, puis évacuer rapidement la pression résiduelle.

8 Ouvrir le couvercle et retirer le papier d'aluminium. Saisir les poignées de l'étuveuse pour sortir prudemment étuveuse et petits gâteaux du récipient. Laisser refroidir 20 minutes.

9 Pendant ce temps, préparer le glaçage en combinant tous les ingrédients dans un grand bol. Avec un batteur sur socle ou un batteur à main, battre à vitesse moyenne jusqu'à l'obtention d'une consistance lisse et crémeuse.

10 Une fois les petits gâteaux refroidis, tartiner le dessus d'une égale quantité de glaçage. Servir aussitôt ou transférer dans un contenant refermable et réfrigérer jusqu'à 6 jours.

Conseil *Pour une recette sans lait, remplacez le fromage à la crème par 110 g (4 oz) de shortening végétal et la crème 35 % par 15 ml (1 c. à s.) de lait de coco.*

Valeur nutritive par portion
CALORIES : 150 **LIPIDES :** 11 g **GLUCIDES NETS :** 5 g **PROTÉINES :** 5 g

BROWNIES DÉCADENTS

Ces brownies chocolatés, denses et riches, au goût de fudge sont à faible teneur en glucides et oh ! combien faciles à préparer avec l'autocuiseur. Cette gâterie cétogène est parfaite pour ceux qui adorent le chocolat et sont en manque !

PORTIONS : 8
PAR PERSONNE : 1 BROWNIE

PRÉPARATION : 5 MINUTES
TEMPS SOUS PRESSION : 30 MINUTES
TOTAL : 55 MINUTES

RÉGLAGE : PRESSURE COOK (CUISSON SOUS PRESSION)
LIBÉRATION : QUICK (RAPIDE)

- 30 ml (2 c. à s.) de farine de noix de coco
- 45 ml (3 c. à s.) de cacao en poudre, non sucré
- 250 ml (1 tasse) de mélange édulcorant érythritol-oligosaccharides en granules
- 1 ml (¼ c. à t.) de sel de mer, moulu finement
- 2 gros œufs
- 80 ml (⅓ tasse) de beurre d'arachide crémeux, sans sucre ajouté
- 75 ml (5 c. à s.) de beurre, fondu
- 5 ml (1 c. à t.) d'extrait de vanille
- 55 g (2 oz) de chocolat de cuisson, non sucré
- 60 ml (¼ tasse) de grains de chocolat sans sucre ajouté, sucré au stévia
- 15 ml (1 c. à s.) d'huile d'olive

1. Dans un bol moyen, combiner farine de noix de coco, cacao en poudre, édulcorant et sel de mer. Bien mêler.
2. Dans un autre bol, combiner œufs, beurre d'arachide, beurre, extrait de vanille et chocolat de cuisson fondu. Brasser pour obtenir un mélange homogène.
3. Ajouter les ingrédients humides aux ingrédients secs et mêler jusqu'à ce que le tout soit bien combiné. En pliant, ajouter les grains de chocolat à la pâte.
4. Enduire généreusement l'intérieur d'un moule de 15,25 cm (6 po) ou de 17,5 cm (7 po) d'huile d'olive. Tapisser le fond d'un morceau de papier parchemin coupé de la taille du fond du moule.
5. Verser la pâte dans le moule. Avec un couteau, égaliser le mélange sur toute la surface, puis couvrir hermétiquement de papier d'aluminium.
6. Ajouter 250 ml (1 tasse) d'eau au fond du récipient. Placer l'étuveuse. Déposer le moule sur l'étuveuse.
7. Couvrir, verrouiller le couvercle, puis placer la valve de libération de la vapeur en position blocage. Sélectionner **Pressure Cook (High)/Cuisson sous pression (Élevée)**, puis régler le temps de cuisson à **30 minutes**. Une fois le temps de cuisson complété, évacuer rapidement la pression.
8. Ouvrir le couvercle, saisir les poignées de l'étuveuse pour sortir prudemment étuveuse et moule du récipient.
9. Couvrir hermétiquement le moule de papier d'aluminium et mettre les brownies au réfrigérateur au moins 20 minutes pour refroidir et laisser prendre.
10. Une fois prêt, retirer du moule et couper en 8 morceaux égaux. Servir aussitôt.

Conseil *Vous pouvez remplacer le beurre d'arachide par 80 ml (⅓ tasse) de beurre d'amandes ou par 80 ml (⅓ tasse) de beurre de graines de tournesol.*

Valeur nutritive par portion
CALORIES : 300 **LIPIDES :** 20 g **GLUCIDES NETS :** 3 g **PROTÉINES :** 25 g

INDEX

A

B

C

D

E–F

G

H-I

L-M

N

O

P

Q-R

S

T

V-Y

DK | Penguin Random House

Catalogage avant publication de Bibliothèque et Archives nationales du Québec et Bibliothèque et Archives Canada

Titre : L'alimentation keto avec votre autocuiseur : perdez du poids avec le régime cétogène / Stacey Crawford.
Autres titres : Keto in an instant. Français
Noms : Crawford, Stacey, auteur.
Description : Traduction de : Keto in an instant. | Comprend un index.
Identifiants : Canadiana 2019003050X | ISBN 9782896546343
Vedettes-matière : RVM : Régimes cétogènes. | RVM : Régimes cétogènes—Recettes. | RVM : Autocuiseurs. | RVMGF : Livres de cuisine.
Classification : LCC RM237.73 C7314 2020 | CDD 641.5/6383—dc23

Nous reconnaissons l'aide financière du gouvernement du Canada. We acknowledge the financial support of the Government of Canada. Nous remercions également livres Canada books™, ainsi que le gouvernement du Québec : Programme de crédit d'impôt pour l'édition de livres – la Société de développement des entreprises culturelles (SODEC).

Canada Québec

Titre original : *Keto in an instant*

Éditeur Mike Sanders
Rédacteur en chef Brook Farling
Conceptrice du livre Rebecca Batchelor
Directeur artistique William Thomas
Photographe Daniel Showalter
Styliste culinaire Savannah Norris
Réviseure Monica Stone
Indexeure Celia McCoy

Première publication aux États-Unis, 2019
Publié aux États-Unis par DK Publishing 6081 E. 82nd Street, Indianapolis, Indiana 46250, USA

Dépôt légal – Bibliothèque et Archives nationales du Québec
1er trimestre 2020

Traduction et adaptation Jean Roby et Christiane Laramée
Révision Andrée Laprise
Création de la couverture Nancy Lépine

Crédit photographique de la couverture avant
Cuisine_ AdobeStock_©hakinmhan

ISBN : 978-2-89654-634-3

Imprimé en Chine